北京文博

文丛
二〇一九年第一辑

北京市文物局 编

图书在版编目（CIP）数据

北京文博文丛. 2019. 第1辑 / 祁庆国主编. -- 北京：北京燕山出版社, 2019.6

ISBN 978-7-5402-5402-5

Ⅰ.①北… Ⅱ.①祁… Ⅲ.①文物工作 – 北京 – 丛刊 ②博物馆 – 工作 – 北京 – 丛刊 Ⅳ.①G269.271-55

中国版本图书馆CIP数据核字(2019)第109473号

北京文博文丛·2019·第1辑

出版发行：北京燕山出版社有限公司

社　　址：北京市丰台区东铁营芳子坑路138号　100079

责任编辑：朱　菁　任　臻

版式设计：肖　晓

印　　刷：北京画中画印刷有限公司

开　　本：787mm×1092mm　1/16

印　　张：8

字　　数：181千字

版　　次：2019年6月第1版

印　　次：2019年6月第1次印刷

ISBN 978-7-5402-5402-5

定　　价：48.00元

北京文博

2019年第1辑（总95期）

特约专稿

1　北京石景山区老山汉墓发掘回忆
　　王武钰

北京史地

9　延庆元代流杯池行殿考
　　杨程斌　范学新　徐佳伟

18　清代长辛店的交通与商业
　　刘仲华

25　乾隆御制圆明园农事诗研究
　　李营营

31　乾隆时期历代帝王庙增祀事考略
　　于　淼

文物研究

39　寻找杨竹西——兼论历史书写问题
　　丁　霏

45　首都博物馆藏明代铜牌及相关问题
　　于力凡

54　北京大学发现的"断桥残雪"石坊复原研究
　　杨笑之　吴佳雨　韩光辉

61　也谈正阳门关帝庙和北海万佛楼
　　孔庆普

考古研究

64　怀柔区郑家庄遗址考古调查及初步钻探简报
　　北京市文物研究所

主办单位：北京市文物局
编辑出版：《北京文博》编辑部
　　　　　北京燕山出版社
网址：http://www.bjmuseumnet.org
邮箱：bjwb1995@126.com

目录 | Contents

71　静宜园香山寺遗址考古发掘简报
　　　北京市文物研究所

博物馆研究

89　古建类博物馆自主策划的对外展览研究
　　——以北京地区中小博物馆为例
　　　李少华

95　对故宫博物院文化创意产业发展的思考
　　——以产品品牌化和体验式销售渠道建设为中心
　　　冯辉

101　华侨类博物馆、航海类博物馆建设与合作发展概述
　　　白婧

112　市场营销机制下的博物馆文创产品开发
　　——以北京鲁迅博物馆（北京新文化运动纪念馆）营销活动为例
　　　刘欣

文献资料

120　北京市文物局2018年四季度文博事业大事记
　　　北京市文物局办公室

《北京文博》编辑委员会

顾　问：李学勤　吕济民
主　任：李伯谦
副主任：舒小峰　孔繁峙　王世仁
　　　　齐　心　马希桂　吴梦麟
　　　　信立祥　葛英会　靳枫毅
　　　　郭小凌

编委会委员：（以姓氏笔画为序）
于　平　王　丹　王　岗　王丹江
王玉伟　王有泉　王培伍　王清林
卢迎红　白　岩　向德春　刘素凯
刘超英　齐东发　关战修　许　伟
许立华　宋向光　杨玉莲　杨曙光
李　晨　李建平　肖元春　何　沛
范　军　哈　骏　侯兆年　侯　明
郗志群　高小龙　高凯军　郭　豹
韩　更　韩战明　谭烈飞　薛　俭

声明

为适应我国信息化建设，扩大本辑刊及作者知识信息交流渠道，本辑刊已被《中国学术期刊网络出版总库》及CNKI系列数据库收录，作者文章著作权使用费与本辑刊稿酬一次性给付。免费提供作者文章引用统计分析资料。如作者不同意文章被收录，请在来稿时向本辑刊声明，本辑刊将做适当处理。

主　编：祁庆国
执行主编：韩建识
编辑部主任：高智伟
本辑编辑：韩建识　陈倩
　　　　　高智伟　康乃瑶　侯海洋

Beijing Cultural Relics and Museums

No. 1, 2019

SPECIAL CONTRIBUTION

1   Memory of Excavation of Tomb of Han Dynasty in Laoshan 老山, Shijingshan District, Beijing
by Wang Wuyu

HISTORY AND GEOGRAPHY OF BEIJING

9   Study on the Liubeichi 流杯池 Traveling Palace in Yuan Dynasty in Yanqing
by Yang Chengbin, Fan Xuexin, Xu Jiawei

18   Transportation and Commerce in the Area of Changxindian 长辛店 in Qing Dynasty
by Liu Zhonghua

25   Research of the Imperial Yuanmingyuan Georgics by Emperor Qianlong
by Li Yingying

31   A Brief Study on the Sacrifice Increase Events in the Temple of Ancient Monarchs in the Period of Qian Long
by Yu Miao

CULTURAL RELICS RESEARCH

39   Look for Yang Zhuxi 杨竹西: Also on the Question of Historical Writing
by Ding Fei

45   Bronze Badges in Ming Dynasty Collected in the Capital Museum and the Relevant Problem
by Yu Lifan

54   Recovery Research of the Duanqiaocanxue 断桥残雪 Stone Archway Found in Peking University
by Yang Xiaozhi, Wu Jiayu, Han Guanghui

61   Also Talk about Guandi Temple at the Zhengyang Gate and Ten-thousand Buddha Building
by Kong Qingpu

ARCHAEOLOGICAL RESEARCH

64   Brief Report on Archaeological Investigation and Preliminary Drilling of Site of Zhengjiazhuang 郑家庄 in Huairou District
by Beijing Cultural Relics Research Institute

71   Brief Report on Archaeological Excavation of Site of Xiangshan Temple in JingYi Garden
by Beijing Cultural Relics Research Institute

Organizer: Beijing Municipal Administration Bureau of Cultural Heritage

Edited and Published by the Editorial Department of Beijing Wen Bo, Beijing Yanshan Press

URL: http://www.bjmuseumnet.org

E-mail: bjwb1995@126.com

目录 | Contents

MUSEOLOGY RESEARCH

89　Study of the External Exhibition Self-Planned by Ancient Architecture Museums: A Case Study of the Middle and Small Museums in Beijing Area
　　by Li Shaohua

95　Thinking on Development of the Cultural Creative Industry of the Palace Museum: A Case Study of the Branding of Products and Experiential Sales Channel Construction
　　by Feng Hui

101　Summary of the Construction and Cooperation Development of Overseas Chinese Museums and Maritime Museums
　　by Bai Jing

112　Development of the Cultural Creative Products of Museum under the Marketing Mechanism: A Case Study of the Marketing Activities of the Beijing Luxun Museum as the New Culture Movement Memorial of Beijing
　　by Liu Xin

DOCUMENTS AND MATERIALS

120　Chronicle of Events Concerning Cultural Relics and Museums of the Beijing Municipal Administration Bureau of Cultural Heritage (4th Quarter of 2018)
　　by Office of Beijing Municipal Administration of Cultural Heritage

---

Editorial Board of *Beijing Wenbo*

Advisors: Li Xueqin Lü Jimin

Chairman: Li Boqian

Vice-chairmen:

Shu Xiaofeng, Kong Fanzhi, Wang Shiren, Qi Xin,

Ma Xigui, Wu Menglin, Xin Lixiang, Ge Yinghui,

Jin Fengyi, Guo Xiaoling

Members:

Yu Ping, Wang Dan, Wang Gang,

Wang Danjiang, Wang Yuwei, Wang Youquan,

Wang Peiwu, Wang Qinglin, Lu Yinghong,

Bai Yan, Xiang Dechun, Liu Sukai, Liu Chaoying,

Qi Dongfa, Guan Zhanxiu, Xu Wei, Xu Lihua,

Song Xiangguang, Yang Yulian, Yang Shuguang,

Li Chen, Li Jianping, Xiao Yuanchun, He Pei,

Fan Jun, Ha Jun, Hou Zhaonian, Hou Ming,

Xi Zhiqun, Gao Xiaolong, Gao Kaijun, Guo Bao,

Han Geng, Han Zhanming, Tan Liefei, Xue Jian

Editor-in-chief: Qi Qingguo

Executive Editor: Han Jianshi

Director of the Editorial Office: Gao Zhiwei

Managing Editors of this Volume:

Han Jianshi, Chen Qian, Gao Zhiwei, Kang Naiyao

Hou Haiyang

北京石景山区老山汉墓发掘回忆

王武钰

北京老山汉墓的田野发掘工作是我考古生涯中一次难忘的经历，在发掘工作基本接近尾声时，因工作需要把我调到首都博物馆投入新馆建设，中断了后续工作。时隔十多年，应市文物局图书资料中心祁庆国主任之邀，凭借对考古发掘过程的一些记忆和当年在日记中保留的一些简单记录，同时又得到了共同参与发掘的同事程利先生的大力协助，完成了这篇回忆文章。

1999年12月，石景山区公安分局刑警队的两位同志来到北京市文物研究所基建考古室，我当时是北京市文物研究所副所长，主管城市基建考古工作。我和基建科的几位同事接待了他们。他们拿出一个牛皮纸信封，里面装着一些黑色的木炭碎屑，听了他们叙述木炭碎屑的来历，得知是一伙盗墓人员挖出来的，当时初步判断盗墓人很可能盗掘了一座时代较早的汉代墓葬，而且能够出土木炭的墓葬应该是一座高等级大型墓葬。因此和来报信儿的两位同志约定了第二天到现场见面进行详细考古调查。第二天一早，我们按照约定时间来到石景山老山山脚下，跟着刑警队的同志，按照盗墓人员在山上灌木丛中每隔几步在一根小树上系的红布条指引的小路爬上小山包，见到一处用假坟头掩盖着的盗洞。把坟头挖开，下面是几块薄板，掀开薄板之后下面就露出洞口。考古队的程利先踩着洞内两侧脚窝下到洞底，我也随后下到了洞底。我们在洞底发现露出一小节的木桩，在周围用小铲取了木炭和浅灰色黏土，把东西带出洞后在阳光下仔细观察，初步确定灰色黏土应该是青膏泥。盗洞内发现青膏泥和木炭，可以断定此处地下应该埋藏的是一座比较大型的汉代墓葬。当时我们又在小山丘周围进行了勘察，在盗洞南部下方东、西两面树坑裸露的坑壁上发现有暴露的夯土层，夯层厚度有十厘米左右，断断续续发现有三四处。山顶呈馒头状小平顶。从山顶向下七八米，在山丘的东南、东北和西南三个方向，隐约发现有弧形转角的形状。回所之后，综合现场勘察迹象，查阅考古资料，初步断定在老山发现的是一座覆斗形汉代墓葬，从墓葬中使用木炭、青膏泥及周围山下发现夯土的范围，确定还是一座较大型墓葬。

2000年1月中旬，我们请中国社会科学院考古研究所研究员、所长徐苹芳先生到现场亲临指导。徐先生考察之后提出几点建议：1. 不能把这个墓葬作为单独一座墓葬看待，要作为完整墓地做调查，一定要扩大勘察范围。2. 一般有封土堆的大墓，往往都被盗，要向领导汇报清楚，但此墓发掘从考古研究方面看意义重大。3. 发掘工作不要着急，要按照考古操作规程办。基建考古室将此次调查结果和专家意见先向市文研所齐心所长进行了汇报。齐心和赵福生所长随后也到现场进行了考察，所长指示尽快向北京市文物局文物处做详细汇报。汇报中提出因石景山公安分局需要对盗墓人员造成的损失后果做出准确判断，移交检察院需要拿出证据和结论；另盗洞已经接近墓葬核心位置，环山丘周围树坑密布，遇到雨季很可能被雨水

特约专稿

浇灌渗透，给埋藏地下的文物造成严重损失；如果不及时挖掘，墓葬位置明显暴露，也会给盗墓者再次盗掘带来可乘之机，荒郊野外不利于管理保护。因此提出由市文物研究所组织考古人员进行进一步考古勘探调查和制定抢救性发掘方案。北京市文物局梅宁华局长十分重视，随后和孔繁峙副局长、舒小峰副局长、文物处王有泉副处长等领导到现场考察。很快由文物处答复，研究决定：文研所先进行考古勘探调查，为春节后进行考古发掘做准备，发掘施工由市文物局古建公司承担。

图一　老山汉墓发掘位置鸟瞰图

文物研究所所务会决定此项工作由基建考古室承担，我做领队，组员程利、王鑫、董育纲、韩鸿业组成考古组。从2000年1月下旬开始，聘请洛阳考古钻探队，从封土堆顶部开始进行考古钻探调查，钻探很快探到了夯土层。我们决定首先从封土堆顶部做十字交叉，沿着夯土迹象向两侧延伸，之后在夯土边缘探孔加密寻找范围，最终确定出墓葬中心位置和整体范围。同时，我们从北京测绘处买到该地区大比例地形图，将具体位置标注在地图上。对周围地形也进行了详细调查，整个封土堆背面依山，距离坡顶短，南面下坡坡度长。我们还邀请了中国测绘科学研究院研究员夔中羽先生采用航模飞机进行了航拍，利用冬季树木落叶、从空中拍摄视觉效果清晰的有利时机，取得了地貌原状照片资料（图一）。

从2000年2月开始，由文研所和局古建公司联合主持联系石景山区文委、规划局、区园林局和绿化大队、供电局、街道办事处等相关单位，明确发掘地点，开始将地面树木迁移，之后供电局又拉了临时电缆线，解决了照明问题。古建公司建了几栋办公及施工人员临时用房，自来水公司接通自来水，陆续完成了各项准备工作，月底开始正式动工。我们在封土堆顶部中心点向正南北方向划出一条直线，先从西半部开始，使用挖掘机向下挖掘，每50厘米一层，分层收集残瓦碎片等填埋物。在顶层发现少量砖瓦之外，发现较多乱石。挖至5米深之后，暂停挖掘，绘制封土堆地层堆积剖面图后，再将另一半封土堆去除。去除封土堆之后，在墓坑之上形成一块平地。再次请钻探队在平地范围内寻找墓坑边缘，划定准确位置。在划定的白线外，布置4个考古大探方，开始使用人工作业。按照探方继续向下发掘，寻找墓口。找到墓口之后，绘制平、剖面图（图二），将探方隔梁去除，开始沿着墓坑壁继续向下发掘，直到发现墓顶搭建的一排排整齐圆木。墓顶是用整根木材紧密排列搭建，共分为两层。下层圆木围绕墓坑壁顺方向排列，东、西两边顺东西方向排列，南、北两边顺南北方向排列，四角按对角线排列。上层圆木在中部位置，圆木两端东西方向摆放，每根圆木紧密码放，呈南北方向依次排列。将墓顶圆木全部清理揭露之后，用长臂吊车吊起铁篮筐，程利站在篮筐内，从上向下进行了整体拍照，拍摄场面十分壮观，拍出的照片也很完整清晰（图三、图四）。

我们在墓顶中心点固定两条基准线，

图二　考古勘探发掘位置图

图三　墓室顶部（全景）

图四　墓室顶盖（局部）

图五　老山汉墓平面示意图

图六　"题凑"墙顶部

图七　"题凑"墙侧视

正南北方向和正东西方向十字交叉，两条固定的基准线从始至终作为绘图坐标线，对绘制整体墓葬平、纵面图起到重要作用（图五）。

在取得墓顶搭建结构的完整资料后，墓室顶部覆盖的圆木被逐层搬走，墓室内部整体布局显露出来。墓室平面呈长方"回"字形，是汉代王族高等级"黄肠题凑"葬制（图六、图七）。在墓室内建长方形一圈"题凑"墙，把墓葬整体分割成一道外回廊和主室两大部分，主室又分为内回廊和前、后室。内回廊一侧有一圈横梁，横梁下方用方木竖立支撑，用于承托墓顶中部圆木的重量。支撑墓顶重量的木结构分别是：墓坑四壁外地面、外回廊靠近坑壁的外侧横梁、"题凑"墙、内回廊横梁，形成了整体外、内回廊、墓室和甬道空间墓顶承重。

从甬道入口到棺室前，接近二分之一的空间为前室。北部为后室。了解了墓葬大致的整体布局之后，我们决定按顺序先从墓室南侧的墓道开始发掘。首先在靠近墓口的墓道内发现有大、小石块散乱的石头堆积，应是人为有意回填，目的是阻止盗墓行为。因清除墓口处墓道未发现随葬品，所以随即开始发掘墓室甬道。甬道外口也就是墓室大门，是用长方形大方木，每根南北纵向，东西方向排列逐层码放作为封门墙，每根大方木一端头向外，用堆积的截面形成一道木墙外墙面，内面与墓道衔接。在外回廊二道大门是使用长90厘米、截面正方形宽约10厘米的长方形柏方木，整齐码放以"题凑"墙封堵的封门结构。在墙的里面，紧贴"题凑"墙北端，使用一道木板大门封堵墓室。大门使用竖立的木板，每块板相接形成封门门板，门板下部卧入一根挖成"L"形的方木，门板中间由上下两条贯穿的横木板固定。应是向内开启的两扇大门，由于糟朽坍塌严重，只能根据残留局部和构件复原。

在前室北面正中位置，发现一件大漆案，前室西侧发现一件小漆案，东侧有被火烧过的痕迹，发现有残漆木碎片，也应是一件小漆案（图八、图九）。三件漆案形成"品"字形，形成"明堂"格局。在西侧小漆案边缘发现一个头骨和部分残骨架，随葬品有一件小的残断玉带钩（图一〇），未见其他完整随葬品。头骨及残留骨架，我们请中国社会科学院考古所潘其风先生到现场帮助提取、鉴定（图一一），确定是一位35岁左右女性。应是墓主人被早期盗墓者从棺内拉出放置在漆案一侧，随葬物品被盗一空。去掉两张漆案覆盖的部分黏土，可见漆案绘有走兽、云纹等纹饰，红漆黑彩，线条流畅自然（图一二、图一三）。提取漆案请考古所白荣金先生指导和后期清理保护，最后将两件漆案、一件漆箱运送到湖北荆州博物馆，请吴顺清研究员进行脱水修复，几年后，将修复好的漆器送至首都博物馆收藏展示。后室中间放置棺椁，后室东、西、北三面与"题凑"墙相隔有内回廊。内回

图九　小漆案

图一〇　玉带钩

图八　大漆案

图一一　潘其风先生鉴定人骨

图一二 大漆案花纹

图一三 小漆案花纹

廊两侧南面与前室相通。在北侧内回廊发现四件大型灰陶瓮,全部被压坏,陶瓮底部及周围未见粮食谷类痕迹,估计是盛酒或盛水的器具。

后室是由三面内回廊合围而成,后室内放置外椁,是使用大方木搭建而成,长方形,南北长,东西窄。四周搭建的椁板大方木已经塌乱,只有外椁顶部方木压在内椁之上,顶部方木两端顺东西方向由南向北依次紧密排列,两端应是搭建在两侧外椁墙上的,四周木方墙塌陷后架在了内椁顶板之上。

拆除外椁后,暴露出里面放置的"内椁"(图一四)。"内椁"因有榫卯相连,椁板方木虽松动,但整体形状保存基本完整,北面椁壁被盗洞破坏,外面堆积残断方木。内椁南面是一对双开大门,每扇大门一侧有上下门轴。椁壁及双扇大门外饰素面红漆,内饰黑漆。在内外两层墓椁室内,发现外、中、内三棺。三棺的两侧棺板重叠被压。在外棺盖之下、中棺盖顶之上,发现一件丝织品棺罩,绣变形凤鸟纹饰(图一五)。北方汉代墓葬随葬丝织品很难保存下来,此件文物是被上下两层棺板紧紧压在中间才有幸保存下来。打开棺椁之前,我们有幸请到中国社会科学院历史所高级工程师、纺织考古专家王亚蓉先生,在现场亲自动手,凭借她多年在考古现场提取丝织品的经验和技术,经过耐心细致的操作,使这件珍贵文物基本完整保存下来。之后又由王亚蓉先生亲手修复,最终在首都博物馆北京史展览中展出。

在内棺东、西两侧外壁各有四个圆形凹痕,直径12.3厘米,深约2毫米,推测原镶嵌有玉器类装饰品,装饰品被盗只留下了痕迹。内棺未见墓主人尸骨,前室西侧漆案上的头骨就是墓主人,根据头骨形状和牙齿推测应是一位中年女性。

整个墓室发掘之后,最后又清理未完成发掘的墓道部分,在墓道东壁之外发现早期盗洞,盗洞高80厘米,宽50厘米,从墓室南面沿着墓道边到达墓室大门,让我们印象最深的是在盗洞底部有两道由两件完整筒瓦相扣之后相互连接的管道,其作用是,一旦盗洞塌陷被堵住,下面仍然可

图一四 内椁板侧结构

图一五 棺罩丝织品

以通气，不致瞬间缺氧，可以赢得救援时间。筒瓦的形制是汉代器物，说明墓葬埋葬不久即遭到盗掘。盗墓人技术很专业，属于惯盗，说明中国古代盗墓的历史时间久远而且技术娴熟。至此石景山老山汉墓全部发掘结束。当时，为了便于今后继续深入研究，并给后人参观留下历史实物，决定把这样一种汉代葬制结构整体原状保存下来，局部做了必要的支撑，又经过文研所长期安排专人精心保管，因此至今保存基本完整。

关于墓主人的身份，在整理老山汉墓出土漆器的过程中发现两件漆耳杯底部残片，一件用红漆书写"东宫"二字（图一六），另一件写有"德阳宫"三字（图一七）。在"德阳宫"三字左右两侧，各有一行类似针刻的文字，左侧为"户（？）邑軨氏"四字，"軨氏"应是墓主人姓氏。右侧是"卅四（？）年二月辛卯"，是下葬的纪年。墓中出土这两件带文字器物，是考证墓主人身份的重要物证。墓主人是一位女性，死后使用汉代高等级"黄肠题凑"的葬具，可以确定是一位燕国诸侯王的夫人墓，是一座王后墓。西汉实行王与王后并葬制度，王后墓附近应埋葬有燕王主墓。

《汉书》记载，西汉燕国有8个王，广阳国有4个王，前后共有12个王。又据《汉书·诸侯年表》列出诸王在位的时间和年数，其中只有汉武帝的儿子燕刺王刘旦，从武帝元狩六年至昭帝元凤元年（前117年—前80年）在位38年，其余各位燕王在位最多的是29年。因此从纪年文字记载，可以确定老山汉墓墓主人是刘旦夫人。

据《水经注》卷十四"鲍丘水"记载："高梁水注之，首受灅水于戾陵堰，水北有梁山，山有燕刺王旦之陵，故以戾陵名堰。"燕王刘旦是自杀身亡，但死后仍然是以诸侯王的身份下葬，所以有戾陵记载。据考，梁山即今石景山，燕王刘旦墓应在此范围。我在发掘工作开始阶段，

按照徐苹芳先生的建议，让洛阳考古钻探队继续在周边做勘探调查。在距该墓西北约150米有另一座山包，高度比此墓封土堆高出许多。用考古探铲向下勘探遇到较多石块，深探不易，但也有两个探孔在深度9～11米处，发现有夯土堆积土层，夯土上层是乱土石堆积，与老山发掘的封土堆类似。当时从发现的夯土推测也是一座大墓，封土堆上层是人为刻意以乱石回填层，与其他周围山体自然堆积的土层有区别。由于当时工作重点很快集中在发掘上，时间和经费也有限，所以决定暂时搁

图一六 漆耳杯残底"东宫"字迹

图一七 漆耳杯残底部"德阳宫"及纪年刻字

置，没有继续追踪下去。如果从山丘外观、地貌规模和夯土深度比较，应该比正在发掘的墓葬规模要大。

根据史书记载刘旦葬于石景山的地理位置、考古钻探在该墓不远处的山丘发现夯土，更重要的是老山汉墓出土"卅四"纪年文字等综合因素，我认为西侧高处的大墓是燕王刘旦的主墓，现已发掘的墓葬是燕王王后墓。

其中一件朱漆书写"东宫"二字的漆耳杯，应是位于中宫主殿以东的宫殿称谓。我认为与"德阳宫"同属一座宫殿，是墓主人王后生前的居住地。另一种推测，也有史书记载，太子居住的宫殿称作"东宫"。刘旦在位38年，已册立其子刘建为太子，太子在王后生前或死后将漆耳杯以及其他器物敬献给王后，最终作为随葬品葬于墓内也是有可能的。

燕王刘旦在位38年，其34年距刘旦被赐自杀只有4年时间，正处于燕国宫室动荡时期，王后死后虽然使用了"黄肠题凑"葬具，但材质不是柏木，是用梨木替换，墓道也无车马随葬品，外回廊只有一圈。与北京丰台大葆台广阳顷王刘建夫妇墓的葬具"题凑"使用的是柏木料、两层外回廊、墓道随葬车马器等诸多方面相比，具有很大差别，明显等级要低。该墓从建筑结构相比较，整体结构也相对简单一些，从墓道未发现任何随葬车马的现象，可以推测当时下葬应该比较匆忙。该墓在埋葬几年后就被盗，也是比较符合刘旦自杀前后其所处的地位和历史原因的。

老山汉墓的发掘，为确定燕王刘旦夫妇墓主人身份和埋葬位置提供了重要证据，证实"戾陵"所葬"梁山"就是今石景山老山的位置。燕王刘旦与丰台大葆台所葬西汉燕国广阳顷王刘建是父子关系，两者可以反映出不同时期历史差别。另外，在同一地区出土"黄肠题凑"葬具的区别体现出多种因素原因，对研究北京地区汉代历史具有重要意义。老山汉墓"题凑"葬具基本原状保留，又增添了一处与北京大葆台汉代"黄肠题凑"葬具不完全相同的实物，今后可建成遗址陈列馆提供给观众和学者参观，是一处十分难得的历史实物和文化场所。

在老山汉墓发掘期间，当时刘敬民副市长等市领导多次到考古发掘现场视察，市文物局梅宁华局长、副局长孔繁峙、舒小峰几位主管局长包括各处室领导几乎每周都来几次，甚至星期日也不休息，都要在现场观察发掘和出土情况。随时听取汇报，了解发掘进展和需要解决的问题。事实上在发掘中确实会遇到各种各样问题，局长随时研究、随时解决。市、区、文物局各级领导随时给予各方面支持，使考古发掘工作进行非常顺利。在发掘期间得到领导重视，应该说对老山汉墓考古发掘工作给予了前所未有的支持。由于市领导经常到工地现场视察，也同时引起北京各媒体的重视和宣传。北京电视台《这里是北京》节目组记者，从开始发掘到结束，每天与考古队同行，进行跟踪拍摄，编导李欣和主持人边学习考古知识，边现场解说，边进行录像，工作十分辛苦，十分敬业。说实话，对于当时现场有些发掘现象，我们考古组也在不断分析研究之中，不能立即给出准确结论，我们本能地会尽量避开摄制组的拍摄，尤其是开始阶段，相互之间不了解，甚至产生了对立情绪，随着双方不断深入接触了解，才逐渐相互配合顺利展开工作。当时北京电视台新闻栏目，每天播报考古现场发掘情况。在发掘前室发现"漆案"和"头骨"之后，中央电视台还对发掘工作做了现场直播。各大报社也随之派出报社记者现场采访做出报道。我的很多同行、同学、包括老师纷纷打电话，关心我现场的发掘工作。可见媒体宣传力度之大。老山汉墓的考古发掘工作在全国首次创造了开放式发掘，当时在北京市可以说是家喻户晓，甚至在全国也引起文物爱好者的关注。当时我的工作压力也非常大，既要解决考古现场发掘的核心工作，又要每天接受媒体采访，还要随时向各级领导做汇报、协调工地各部门衔接，所以，唯恐某些工作不到位，给考古工作造成不良影响。特别是在许多记者采访过程中，我多次强调考古不是挖宝，考古是利用发现的古代遗迹和遗物进行历史研究，两者有着本质的区别。在许多群众思想中始终认为考古就是在挖宝，能够挖掘到金银财宝才有价值。直到老山发掘结束很长一段时间，我还不断向大众以及关心老山汉墓的热心人解释这一问题，宣传考古工作的意义。老山汉墓的发掘也是我工作期间或人生中一段难忘的经历。

发掘期间，还有一件事特别值得介绍。在发掘工作到五月期间，墓室已经位于坑底很深位置，考古工作是一项细致工作，不能突击发掘，发掘过程会有很多未知数，下面的工作还需要很长一段时间。为了防止工地被雨水浇灌给地下文物造成损失，整个墓室周围需要搭建防雨大棚。考古组和古建公司李彦成总经理正在商量在墓内选择安装立柱的位置，制定既不能破坏墓室结构又起到支撑作用的有效方案。此时有一家北京朝阳区十八里店金属大棚厂，属于私人企业，主动提出无偿捐赠一座无大梁大跨度弧形金属大棚。在双方对减少墓室边缘基础损失讨论之后，大棚基础需要先行发掘，在取得考古资料的基础上再进行大棚建设，包括施工过程中双方从各自工作考虑，发生一些不同观点和矛盾，经过现场施工负责人徐子旺经理进行协调，最终都得到妥善解决，历经两个月终于把金属大棚搭建成功。考古发掘现场实现了室内工作，解决了防雨和安全等问题，至今大棚保持非常完整坚固，有效保护了老山汉墓的整体结构。这家私人企业为北京文物事业做出了很大贡献。直到发掘结束之后，捐献金属大棚并没有给企业带来多少宣传效应，是企业实实在在为文物做出贡献。因此，我始终对这家企业心存感激，我要在这篇回忆文中，郑重地告诉公众，告诉后来的考古人，不要忘记这些曾经给予我们无私帮助的好心人。

目前，经过市文物局现任局长舒小峰的支持，老山汉墓的发掘报告正在积极整理之中。我也将积极协助考古报告编写组完成报告编写工作，尽快完成老山汉墓发掘的后续工作。

最后我要向所有支持过老山汉墓发掘的领导、老师、同事、朋友等表示衷心的感谢！谢谢大家！

(作者单位：首都博物馆)

延庆元代流杯池行殿考

杨程斌　范学新　徐佳伟

  《元史》记载，元英宗时期曾在"缙山"修建流杯池行殿，缙山早在窝阔台时期即为大汗的住夏地，又是元代皇帝北巡上都的必经之地，修有大量行宫园囿，元英宗之父"仁宗"即出生于缙山香水园。元英宗在即位的第二年就在缙山修建"流杯池行殿"，之后又动用太庙役军修造，是一处重要的行宫。但查阅相关史料，英宗之后，再未发现有关于此行殿的记述，推测其可能毁于泰定帝死后因争夺皇位而爆发的"两都之战"。根据史料记述及现场调查，推测流杯池行殿方位在今北京延庆黄龙潭龙王庙。

一、学术观点梳理

  因元仁宗出生于缙山香水园[1]，遂改缙山县为龙庆州[2]，隶属大都路[3]，缙山的政治地位获得了空前的提升，仁宗及其子英宗时期，缙山行宫园囿的修建达到了前所未有的兴盛。缙山还是元代皇帝北巡上都的必经之地，曾在此修"缙山道"[4]，"輦道行其中"[5]，地理位置较为重要，缙山的香水园、棒槌店[6]是皇帝巡幸的重要驻跸地。根据史料记载可知，元代缙山即今北京延庆。《元史》记载元英宗"作行殿于缙山流杯池"[7]，所以学者多认为流杯池行殿在今延庆范围内。因史书关于"流杯池行殿"的记载极少，迄今，只有少部分学者曾论述流杯池行殿的方位。

  学者多认为流杯池行殿在今延庆上磨村的黄龙潭。徐红年认为流杯池行殿在今延庆黄龙潭[8]，又认为黄龙潭西的金牛湖是"元代的流杯池园"[9]。张凤起在《永宁》一书中记述："流杯园池在永宁城西的上磨一带，建于元初。"[10]《延庆县志》载"黄龙潭"："位于县城东15公里处。……元代这里叫流杯园，英宗至治元年（1321）曾在此建立流杯池行殿。"[11]《永宁镇志》亦载："黄龙潭位于永宁镇上磨村东，距永宁城4公里。潭面呈椭圆形，泉眼众多，潭内苇草丛生，为妫水河源头之一。……元代这里建流杯园。元英宗至治元年（1321）曾在这里建流杯池行殿。"[12]此外，王贵祥认为流杯池在今延庆范围内，但未说明具体位置，在《从上古暮春上巳节祓禊礼仪到园林景观"曲水流觞"》一文中说："《元史》中还有将龙庆州的流杯园池颁赐给燕铁木尔的记载。并且赐宴燕铁木尔于流杯池。这个缙山，指元代时的缙山县，其位置在今北京延庆县境内。"[13]上述学者提及的"流杯池园""流杯园池"可能是"行殿"附近的园囿，《元史·文宗纪》载："以龙庆州之流杯园池、水碾、土田赐燕铁木儿。"[14]有学者又称之为"流杯园"，应是受到了清乾隆《宣化府志》和光绪《延庆州志》的影响，《宣化府志》载："流杯园。〔元史〕文宗至顺二年，以龙庆州之流杯园池水碾、土田赐燕帖木儿。"[15]《延庆州志》亦载："流杯园，元时置，今失所在（府志）。"[16]

  此外，据笔者实地调查得知，有部分延庆本地学者认为流杯池行殿不在黄龙潭，而是在今延庆旧县镇古城村。此说没有史料及出土物作依据。

二、流杯池考证

根据前引《元史》记载"作行殿于缙山流杯池"可知，是先有流杯池，后有行殿，考证出流杯池的位置即可确定行殿的大致方位。

据史料记载，最晚到汉代已出现"流杯亭""流杯园"。北宋宋敏求《长安志》载："流杯亭，在未央宫北，汉之旧址。"[17]元代骆天骧《类编长安志》亦载："流杯园在未央宫北，有汉代旧址。"[18]又载："新说曰：'兴庆池北众乐堂后有宋太尉张金紫所构流杯亭，砌石成风字样，曲水流觞，以为祓禊宴乐之所。傍有禊宴诗碑。'"[19]古代风俗，每逢三月上旬的巳日（三国魏以后定为三月初三），于水滨结聚宴饮，以祓除不祥。后来在水上放置酒杯，杯行停其前，当即取饮，称为"流杯"或"流觞"。《兰亭集序》就记述了王羲之与友人在"流觞曲水"处吟诗论道之事："此地有崇山峻岭，茂林修竹，又有清流激湍，映带左右，引以为流觞曲水，列坐其次。虽无丝竹管弦之盛，一觞一咏，亦足以畅叙幽情。"[20]

史料记载，元大都兴圣宫曾建有流杯亭。据明代萧洵《元故宫遗录》记述："又后为兴圣宫，……中建小直殿，……中抱彩楼，……楼后有礼天台，……又少东，有流杯亭，中有白石床如玉，临流小座，散列数多。刻石为水兽潜跃，其旁涂以黄金。又皆亲制水鸟浮杯，机动流转。而行劝罚，必尽欢洽，宛然尚在目中。"[21]明代《格古要论》[22]、清代《日下旧闻考》[23]亦有相似记载。此外，太子真金还曾拒绝在东宫修建流杯池，《元史·裕宗传》载："东宫香殿成，工请凿石为池，如曲水流觞故事。太子曰：'古有肉林酒池，尔欲吾效之耶！'不许。"[24]

据《元史》所载"作行殿于缙山流杯池"可知，流杯池在"缙山"。据《元史·地理志》，元代建有"缙山县"[25]，周伯琦曾于至正十二年（1352）扈从元顺帝北巡上都，写有《扈从诗前序》，其载："过居庸关而北，遂自东路至甕山。明日至车坊，在缙山县之东。"[26]今居庸关北即延庆，车坊即今延庆车坊村，车坊村西为旧县村，遗有土城墙，推测即为元代缙山县治所（如图一所示）。这在成书于清末的《延庆州乡土志要略》中得到了佐证，其载："缙山县即今旧县，距州治东北三十里。"[27]据以上论述可知，元代缙山县在今北京延庆，流杯池在今延庆范围内。

《元史·文宗纪》载："以龙庆州之流杯园池、水碾、土田赐燕铁木儿。"[28]证明流杯池周围还有水碾、土田等，水碾即是水磨，这构成了一个大型的皇家园囿。无论是园池还是水磨，都离不开水，流杯池附近应有河流或者湖泊。《元史·太宗纪》载窝阔台在金正大八年（1231）"夏五月，避暑于九十九泉"[29]。《多桑蒙古史》亦记："窝阔台避暑九十九泉。"[30]另据《圣武亲征录》所记，窝阔台在同一年还"避暑于官山"[31]。推测，九十九泉和官山为两个相近的住夏地。《元史·太宗纪》载金正大九年（1232）窝阔台第二次住夏官山，"帝还，留速不台守河南。夏四月，出居庸，避暑官山"[32]。据此可知，官山在居庸关北，九十九泉也应在居庸关北侧，即今延庆范围内。《水经注》记述了九十九泉的方位，其引《魏土地记》："沮阳城东八十里，有牧牛山，下有九十九泉，即沧河之上源也。山在县东北三十里，山上有道武皇帝庙。耆旧云，山下亦有百泉竞发，有一神牛驳身，自山而降，下饮泉竭，故山得其名。今山下导九十九泉，积以成川，西南流。"[33]沮阳曾为上谷郡治，其故址在今河北省怀来县大古城村[34]，自此向东八十里，大概是今延庆金牛湖附近。光绪《延庆州志》对《水经注》所引《魏土地记》中记载的牧牛山的位置进行推测，其载："独山在州城东三十里，……一名团山，溪河出此。按《水经》注《魏土地记》曰：'沮阳城东八十里有牧牛山，在居庸县东北三十里，耆旧云，山下旧有百泉竞发，有一神牛驳身，自山而降，下饮泉竭，故名。'疑即此山。"据此可知，团山应当就是"牧牛山"。《魏土地记》云"山上有道武皇帝庙"，2017年底，文物部门对团山山顶遗址进行了大规模的考古发掘，发现了几处寺庙建筑基址，可能就有北魏"道武皇帝庙"。团山南2.5公里即为金牛湖，是团山附近水流最为丰沛处，极有可能就是窝阔台曾经住夏的九十九泉。此地应是元代缙山县水流较为丰沛之处，适合"流杯"之用，流杯池极有可能就在九十九泉，即在今金牛湖附近（如图一、图二所示）。

金牛湖在明清时期水量仍很充沛，附近的永宁镇上磨村有由泉水溢出形成的黄龙潭（图三），是妫河的源头，光绪《延庆州志》载："妫川河在州城南半里，自州东北三十里黄龙潭发源。"妫川河即今延庆妫河。根据地理位置判断，黄龙潭就在"九十九泉"分布地。另据光绪《延庆州志》：

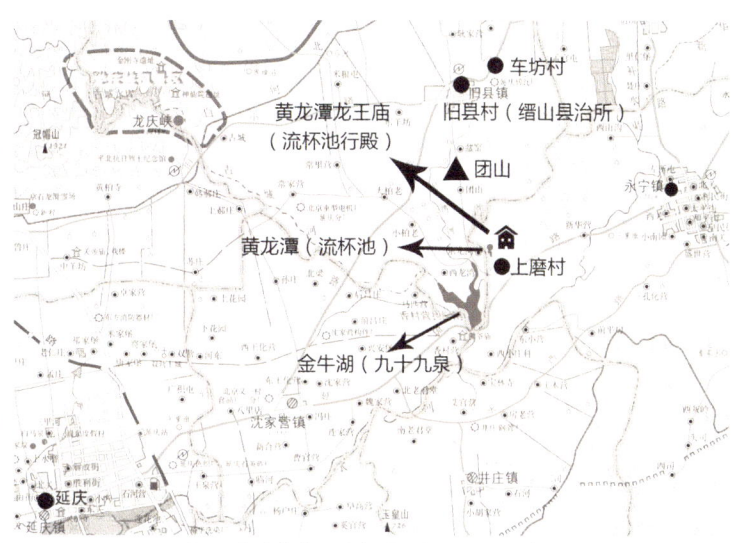

图一 九十九泉、流杯池及行殿位置示意图

图二 因修建香村营拦河闸而干涸的金牛湖

图三 1939年拍摄的黄龙潭及周边老照片

"黄龙潭，在永宁西十里，水源深潜，下有水运碾硙四座。"㊲流杯池和黄龙潭同样都有"水硙"，似乎二者应为一地。走访上磨村村民得知，黄龙潭附近早年曾有四座水磨，上磨村即因此得名。据上磨村村民讲述，黄龙潭北侧早年曾修有水槽，后因修建飞机跑道被全部填埋。推测今黄龙潭即为元代流杯池的所在地。

根据史料记述，最早在窝阔台时期蒙古人驻跸于此，但缙山在辽金时期就已是皇家驻跸游玩之地㊳。《辽史》载辽圣宗耶律隆绪在统和十年（992）十二月曾"猎儒州东川"㊴，《读史方舆纪要》亦载："妫川，州东十五里。自永宁县流入界，一名东川。宋淳化二年，契丹主隆绪至儒州，猎于东川，即此。"㊵淳化二年（991）比统和十年早了一年，虽两书所记年代有出入，但记载"猎儒州东川"的内容一致。辽代儒州即今延庆。按《读史方舆纪要》所记，永宁境内之妫河称为"东川"，可能还是妫河上源，九十九泉也在永宁境内，亦为妫河上源，推测《辽史》所记"东川"即为九十九泉，流杯池最早可能修建于辽代。

三、流杯池行殿的修建与废弃

（一）行殿的修建

据《元史·英宗纪》所载，元英宗在即位的第二年就开始修建流杯池行殿，至治元年（1321）五月"作行殿于缙山流杯池"㊶，至治二年（1322）二月又"以太庙役军造流杯池行殿"㊷。据此可知，流杯池行殿的修建时间至少持续一年以上，是一处规模较大、供皇帝途中休憩的行宫。

缙山县位于元大都以北，南扼八达岭、居庸关要塞，北接塞外蒙古故地，军都山横亘东西，河水充沛，较为适宜避暑住夏。如前所述，辽金时期就在缙山建有行宫园囿，蒙古攻金时期，窝阔台曾住夏缙山县之官山㊸。进入元代以后，缙山的行宫园囿依然较为兴盛，又因元仁宗生于此，在仁宗及其子英宗两朝，缙山行宫园囿的修建达到了最为兴盛的时期，俨然成为了"仁宗家族"的后花园。查阅史料，元代在缙山曾修建香水园、棒槌店等行宫，以及瓮山㊹、车坊㊺、妫头㊻等纳钵。又因缙山"地沃衍，宜粟，粒甚大"，"沃壤岁常丰"㊼，遂在此设有栽种提举司㊽、田赋提领所㊾及车坊官园㊿，"岁供内膳"㉑。元帝每年北巡必经缙山，会在缙山的行宫园囿休憩游玩几日。为护卫皇帝巡幸、扼守居庸关塞，仁宗时期又在居庸关北设置隆镇卫亲军都指挥使司㉒。元代前中期，缙山俨然成为腹里地区，政治、军事地位得到了前所未有的提升。可能是上述原因促使元英宗选择在缙山再造一处行宫——流杯池行殿，供其北巡上都驻跸之用。

《元史》载元英宗在至治二年二月"以太庙役军造流杯池行殿"㉓。查阅《元史》可知，元英宗在其在位的短暂三年多时间里，曾大规模修建太庙。《元史·祭祀志》载至治元年正月"始命于太庙垣西北建大次殿"㉔，五月，中书省臣言："'世祖所建前庙后寝，往岁寝殿灾。请以今殿为寝，别作前庙十五间，中三间通为一室，以奉太祖神主，余以次为室，庶几情文得宜。谨上太常庙制。'制曰：'善，期以来岁营之。'"㉕《元史·英宗纪》载至治元年十二月"作太庙正殿"㉖。《元史·祭祀志》载至治二年三月"以新作太庙正殿，夏秋二祭权止。秋八月丙辰，太皇太后崩，太常院官奏：'国哀以日易月，旬有二日外，乃举祀事。有司以十月戊辰，有事于太庙，取圣裁。'制曰：'太庙礼不可废，迎香去乐可也。'又言：'太庙兴工未毕，有妨陈宫县乐，请止用登歌。'从之"㉗。《元史·英宗纪》亦记载此段史事㉘。根据修建太庙的时间推测，元英宗在修建太庙的同时又派工役修建了流杯池行殿。

流杯池行殿建成以后，太庙仍在

修建。《元史·祭祀志》载至治三年（1323）六月"敕以太庙前殿十有五间，东西二间为夹室，南向。秋七月辛卯，太庙落成"⁵⁹。八月，英宗就去世了。

元英宗自延祐七年（1320）三月至至治三年八月在位，历三年有余，流杯池行殿自至治元年五月开始修建，至治二年二月又以太庙役军续建，推测在至治三年英宗去世之前就已建成。

（二）行殿的废弃

元代两都巡幸一直持续至顺帝时期，缙山为北巡必经之地，但查阅《元史》英宗以后的文献，均未发现关于"流杯池行殿"的记述。致和元年（1328）泰定帝去世以后，为争夺皇位，以倒剌沙为首的上都军队和以燕帖木儿为首的大都军队爆发了"两都之战"，主战场即在居庸关南北。

《元史·文宗纪》载致和元年八月"上都梁王王禅、右丞相塔失帖木儿、太尉不花、平章政事买闾、御史大夫纽泽等兵次榆林"⁶⁰，又载："九月庚申朔，燕帖木儿督师居庸关，遣撒敦以兵袭上都兵于榆林，击败之，追至怀来而还"⁶¹。《元史·燕帖木儿传》亦载："撒敦先驱，至榆林西，乘其未阵薄之，北军大败。"⁶²据此可知，上都军与大都军曾在"榆林"发生激战。

通过《析津志》与元代纪行诗的记述可考证元代榆林的方位。《析津志》载："大都，正北微西昌平，西北八十榆林。"⁶³据此可知，榆林在今昌平西北。元代冯子振《缙山道中诗》云："榆林东北缙山围，百嶂千峰画卷挥。"⁶⁴可知榆林在今延庆西南。周伯琦《扈从诗后序》云："至怀来县。……县南二里，纳钵也。……南则榆林驿，即汉史《卫青传》所谓榆谿旧塞者。自怀来行五十五里，至妫头。又十里入居庸关。"⁶⁵元代怀来县治在今怀来县卧牛山官厅水库淹没区，此地距今延庆榆林堡村约10公里。

根据元代以后的史料，可确定榆林的具体位置。清光绪《畿辅通志》载怀来县："榆林驿堡在县东南三十里。东至延庆州岔道口二十五里，至居庸关五十八里（《大清一统志》）。元置榆林驿，明初亦置驿。堡初置于卫东羊儿峪北，正统末移于此。"⁶⁶羊儿峪即今怀来羊儿岭村，明代榆林堡大致在今延庆榆林堡村。至此可确定，元代"榆林"即在今延庆榆林堡村附近。

除榆林外，《元史》还记述了另一处"两都之战"的战场——陀罗台。《元史·文宗纪》载："隆镇卫指挥使斡都蛮以兵袭上都诸王，灭里帖木儿、脱木赤于陀罗台，执之归于京师。"⁶⁷《元史·阿剌瓦而思传》载"斡都蛮"："致和元年八月，自上都逃来，丞相燕帖木儿任为裨将，率壮士百人，围灭里帖木儿等于陀罗台驿，擒之以献。"⁶⁸根据明清史料的记述可知陀罗台即在今延庆城区附近。明嘉靖《隆庆志》载"古台"："在州治西北十余步，倚城。废址至嘉靖间吏目丁运开新街殆尽。"⁶⁹嘉靖《宣府镇志》亦载"古台"："今隆庆州城西北有遗址，相传为金时所筑。"⁷⁰此古台似乎就是陀罗台。但《明一统志》却记述："古台在州治东北。"⁷¹《读史方舆纪要》亦载："陀罗台，或曰即今州治东北之古台也。"⁷²光绪《延庆州志》引《明一统志》："古台在州治东北。"⁷³明清延庆州城即今延庆城西，无论陀罗台在州城西北还是东北，可以确定"两都之战"的战场之一陀罗台在今延庆范围内。

据以上论述可知，"两都之战"的两处主要战场——榆林、陀罗台皆在今延庆范围内。此外，《元史·文宗纪》载致和元年九月"上都王禅兵袭破居庸关，将士皆溃"⁷⁴，又载当年十月"以缙山县民十人尝为王禅向导，诛其为首者四人，余杖一百七，籍其家赀、妻子，分赐守关军士"⁷⁵。由此可见，缙山是"两都之战"的重要战场。

又据《元史·文宗纪》载天历二年

（1329）三月"以龙庆州之流杯园池、水碾、土田赐燕铁木儿"[76]。《元史·燕铁木儿传》亦载："赐龙庆州之流杯园池水碾土田。"[77]再次证明，致和元年"两都之战"以后，流杯池行殿因兵燹被毁殆尽，不能再作为皇帝驻跸之地，所以才将原行殿周围幸免于战火的流杯园池、水碾等赐给大臣。文宗之后的史料再未记述流杯池，佐证了流杯池行殿毁于致和元年的"两都之战"。自至治二年英宗时期建成，至致和元年"两都之战"毁灭，流杯池行殿仅存续六年时间。二十四年后的至正十二年（1352），周伯琦扈从元顺帝北巡上都途经缙山时，看到破败的宫闱，不禁发出"荒祠寒木下，遗殿夕阳中"[78]的感叹，所云"遗殿"应当就是流杯池行殿。

四、流杯池行殿的具体方位

前文已述，流杯池在今延庆黄龙潭，那么，流杯池行殿也应在今黄龙潭附近。今黄龙潭即是窝阔台驻跸的九十九泉分布地，是元代皇帝北巡途经之地，故流杯池行殿修建于此无疑。

黄龙潭西侧有一龙王庙，根据地方志记述可知其建于明代。乾隆《延庆州志》载"黄龙潭"："居人每见黄马出游岸上，近则马入水中。兵备道万公驻节，有黄蛇跃出，匍匐昂起若迎，见状乃返跃入潭，万公异之，为建黄龙庙。建庙后马不复见，因名黄龙潭。"[79]

此处"兵备道"在其他志书中亦有记载。明代嘉靖《宣府镇志》载："今上皇帝嘉靖元年。……三十六年置按察司副使兵备怀隆。……专除给敕，列衔山西。"[80]《宣化府志》亦有同样的记载[81]。"怀隆"即怀来、隆庆（后为避讳隆庆帝年号，将隆庆改为延庆）的合称。依此可知，怀隆兵备道置于明嘉靖三十六年（1557）。乾隆《延庆州志》所记"万公"在《延庆州乡土志要略》中有更明

图四 黄龙潭龙王庙

图五 黄龙潭龙王庙内的龟趺

确的记述，其载："兵备道万为建黄龙庙。"[82]但查阅史料，未发现有关于"兵备道万为"的记述。根据其他史料所记，推之"万公"可能是"万世德"。明代原本、清代增修完成的《山西偏关志》载："万世德，……迁按察司副使，备兵怀隆。"[83]又据《明神宗实录》："（万历二十五年六月）辛未，升怀隆兵备按察使万世德为山东右布政使兼副使，照旧管事。从宣抚请也。"[84]据此推测，直到明代后期才有黄龙庙、黄龙潭之称谓，今龙王庙是万历年间万世德在延庆修建的，疑此龙王庙就建在元代"流杯池行殿"废址之上（图四）。

调查黄龙潭龙王庙后发现，庙宇所用之柱础、石条多不具明代建筑之特征，有可能是明代以前的遗物。特别是龙王庙庭院内存有的两件龟趺（图五），尺寸较大，雕刻风格较为大气、不拘小节，循石造型、气韵生动，与周围庙宇之建筑风格迥异，推测可能是金元之遗物。从造型上来看，这两件龟趺应为某大型建筑之附属物，绝不是一个小小的龙王庙所能容纳的。

今黄龙潭附近暂未发现较大规模的建筑基址，推测明代建成的龙王庙即是在元

代流杯池行殿废址上就地取材、利用行殿残存的建筑构件修建的，龟趺等难以移动之物便放之原处，圈之以庭院，利用原有建筑之格局最终形成龙王庙。

五、结论

本文通过《元史》所记流杯池的具体方位及元代缙山之行宫园囿的修建情况，试析了流杯池行殿的修建过程，引用《元史》中关于两都之战的记述，并与《隆庆志》《宣府镇志》《畿辅通志》《延庆州志》等地方志书相互印证，确定今北京延庆为元代"两都之战"的重要战场，并最终推测出流杯池行殿毁于"两都之战"。最后，通过分析延庆黄龙潭龙王庙内的石刻遗物，得出结论，元代的流杯池行殿极有可能就在今北京延庆的黄龙潭龙王庙。

附注：本文属于［基金项目］全国艺术科学规划项目"佛教美术演变进程——丝绸之路中外美术比较研究"（15BF065）

---

① （明）蒋一葵：《长安客话》卷七，北京古籍出版社，1982年，第157页。
② 《元史》卷二十五，吉林人民出版社，1995年，第349页。
③ 《元史》卷五十八，吉林人民出版社，1995年，第848页。
④ （元）虞集：《道园学古录》卷二十九，商务印书馆，1937年，第489页。
⑤ （元）虞集：《道园学古录》卷二，商务印书馆，1937年，第20页。
⑥ （元）熊梦祥：《析津志辑佚》，北京古籍出版社，1983年，第252页。
⑦㊶《元史》卷二十七，吉林人民出版社，1995年，第372页。
⑧ 徐红年：《延庆》，北京图书馆出版社，1998年，第82—83页。
⑨ 徐红年：《延庆》，北京图书馆出版社，1998年，第126页。
⑩ 张凤起：《北京地方志·古镇图志丛书·永宁》，北京出版社，2010年，第57页。
⑪ 《延庆县志》编纂委员会：《延庆县志》，北京出版社，2005年，第294—295页。
⑫ 延庆县永宁镇志编委会：《永宁镇志》，2011年，第48页。
⑬ 王贵祥：《当代中国建筑史家十书：王贵祥中国古代建筑史论文集》，辽宁美术出版社，2013年，第228页。
⑭㉘㊻《元史》卷三十五，吉林人民出版社，1995年，第473页。
⑮ （清）吴廷华、王者辅：《宣化府志》卷七，中国台湾成文出版社，1968年，第165页。
⑯ （清）张惇德等：（光绪）《延庆州志》卷十一，中国台湾成文出版社，1968年，第227页。
⑰ （宋）宋敏求、（元）李好文撰，辛德勇、郎洁点校：《长安志·长安志图》卷六，三秦出版社，2013年，第237页。
⑱ （元）骆天骧撰、黄永年点校：《类编长安志》卷四，三秦出版社，2006年，第119页。
⑲ （元）骆天骧撰、黄永年点校：《类编长安志》卷四，三秦出版社，2006年，第118页。
⑳ （清）吴楚材、吴调侯编著，谢普译注：《中华传统文化经典普及文库·古文观止》，中国工人出版社，2016年，第98页。
㉑ （明）萧洵：《元故宫遗录》，中华书局，1985年，第4页。
㉒ （明）曹昭、王佐著，赵菁编：《格古要论》卷十三，金城出版社，2012年，第382页。
㉓ （清）于敏中等：《日下旧闻考》卷三十二，北京古籍出版社，1985年，第489—490页。
㉔ 《元史》卷一百一十五，吉林人民出版社，1995年，第1843页。
㉕ 《元史》卷五十八，吉林人民出版社，1995年，第848页。
㉖ 贾敬颜：《五代宋金元人边疆行记十三种疏证稿》，中华书局，2004年，第356—357页。
㉗ （清）佚名：《延庆州乡土志要略·历史》，影印本。
㉙㉜㊸《元史》卷二，吉林人民出版社，1995年，第17页。

㉚（瑞典）多桑著、冯承钧译：《多桑蒙古史》，上海古籍出版社，2014年，第222页。

㉛ 罗炳良：《中华野史（辽夏金元卷）》，泰山出版社，2000年，第561页。

㉝（北魏）郦道元：《水经注》卷十三，时代文艺出版社，2001年，第106页。

㉞ 周正义：《北京地区汉代城址调查与研究》，北京燕山出版社，2009年，第137页。

㉟（清）张惇德等：（光绪）《延庆州志》卷一，中国台湾成文出版社，1968年，第29页。

㊱（清）张惇德等：（光绪）《延庆州志》卷一，中国台湾成文出版社，1968年，第34页。

㊲（清）张惇德等：（光绪）《延庆州志》卷一，中国台湾成文出版社，1968年，第36页。

㊳《辽史·圣宗纪》载："夏四月甲寅，……己卯，驻跸儒州龙泉。……五月辛巳，祭风伯于儒州白马村。"《辽史》卷十二，吉林人民出版社，1995年，第78页；《宣府镇志》载："明昌苑，今怀来城东，金置。"（明）孙世芳：（嘉靖）《宣府镇志》卷十二，中国台湾成文出版社，1970年，第100页。

㊴《辽史》卷十三，吉林人民出版社，1995年，第82页。

㊵（清）顾祖禹：《读史方舆纪要》卷十七，中华书局，1957年，第767页。

㊷(53)《元史》卷二十八，吉林人民出版社，1995年，第375页。

㊹ 贾敬颜：《五代宋金元人边疆行记十三种疏证稿》，中华书局，2004年，第356页。

㊺㊼(51) 贾敬颜：《五代宋金元人边疆行记十三种疏证稿》，中华书局，2004年，第357页。

㊻ 贾敬颜：《五代宋金元人边疆行记十三种疏证稿》，中华书局，2004年，第376页。

㊽《元史》卷八十七，吉林人民出版社，1995年，第1365页。

㊾《元史》卷八十七，吉林人民出版社，1995年，第1370页。

㊿《元史》卷三十六，吉林人民出版社，1995年，第489页。

(52)《元史》卷九十九，吉林人民出版社，1995年，第1566页。

(54)(55)(57)《元史》卷七十四，吉林人民出版社，1995年，第1129页。

(56)《元史》卷二十七，吉林人民出版社，1995年，第374页。

(58)《元史》卷二十八，吉林人民出版社，1995年，第378页。

(59)《元史》卷七十四，吉林人民出版社，1995年，第1130页。

(60)《元史》卷三十二，吉林人民出版社，1995年，第426—427页。

(61)(67)《元史》卷三十二，吉林人民出版社，1995年，第427页。

(62)《元史》卷一百三十八，吉林人民出版社，1995年，第2113页。

(63)（元）熊梦祥：《析津志辑佚》，北京古籍出版社，1983年，第124页。

(64)（元）冯子振、李祁：《海粟集辑存·云阳集》，岳麓书社，2009年，第33页。

(65) 贾敬颜：《五代宋金元人边疆行记十三种疏证稿》，中华书局，2004年，第375—376页。

(66)（清）黄彭年等：（光绪）《畿辅通志》卷六十九，河北人民出版社，1989年，第153—154页。

(68)《元史》卷一百二十三，吉林人民出版社，1995年，第1926页。

(69)（明）谢庭桂编、苏乾续编：（嘉靖）《隆庆志》卷八，《天一阁藏明代方志选刊》，上海古籍书店据宁波天一阁藏明嘉靖刻本影印，1962年。

(70)（明）孙世芳：（嘉靖）《宣府镇志》卷十二，中国台湾成文出版社，1970年，第100页。

(71)（明）李贤：《明一统志》卷五，影印本。

(72)（清）顾祖禹：《读史方舆纪要》卷十七，中华书局，1957年，第766页。

(73)（清）张惇德等：（光绪）《延庆州志》卷十一，中国台湾成文出版社，1968年，第226页。

(74)《元史》卷三十二，吉林人民出版社，1995年，第429页。

(75)《元史》卷三十二，吉林人民出版社，1995年，第432页。

(77)《元史》卷一百三十八，吉林人民出版社，1995年，第2117页。

(78)（清）顾嗣立：《元诗选》（初集），中华书局，1987年，第1870页。

(79)（清）李钟俾、穆元肇、方世熙：（乾隆）《延庆州志》卷一，影印清乾隆七年刻本。

⑧⓪（明）孙世芳：（嘉靖）《宣府镇志》卷一，中国台湾成文出版社，1970年，第15页。

⑧①（清）吴廷华、王者辅：（乾隆）《宣化府志》卷十九，中国台湾成文出版社，1968年，第350页。

⑧②（清）佚名：《延庆州乡土志要略·地理·东区》，影印本。

⑧③（清）马振文：《山西偏关志》卷下，影印本，1941年。

⑧④《明神宗实录》卷311，万历二十五年六月辛未，中国台湾"中央研究院"历史语言研究所校印本，1962年。

（作者单位：首都师范大学历史学院、北京市延庆区文化和旅游局、北京市海淀区党史办公室）

清代长辛店的交通与商业

刘仲华

古镇长辛店，位于北京市丰台区永定河西岸的卢沟桥畔，这里曾经是近代中国工人革命运动的发源地。1918年，李大钊在长辛店开办工人讲习所。1918年冬和1919年3月，毛泽东曾先后两次来到这里宣传革命。1922年4月9日，京汉铁路总工会第一次筹备会在长辛店召开，揭开了中国共产党领导工人运动的序幕。

历史并非偶然，长辛店成为近代中国工人革命运动的摇篮，缘于这里以铁路工人为主体的工人阶层的成长与壮大。而长辛店工人阶层的培育，又缘于晚清卢汉铁路（又称京汉铁路或平汉铁路）的建成和自清代以来长辛店地处"通衢大道"的特殊交通地理位置。

一、名称与管辖

长辛店，在清代官方文书和仕宦文人笔记中一般写作"长新店"或"常新店"，而很少写作"长辛店"。至光绪末年始有"长辛店"的写法。

长新店属顺天府宛平县，同时又受命于直隶总督。康熙二十七年（1688），顺天府设四路捕盗同知，其中长新店地方由西路同知负责巡查。而又因出京师广宁门、经卢沟桥、前往江南各省的官道经过长新店，因此长新店大街的巡察又由巡捕京营负责，具体则属于拱极城；而两边街道房屋之后的地方属于宛平县。类似长新店这种属地、管辖、巡察责任权交错的近畿地区，因巡察缉捕事宜归属不清，以至于互相推诿，很容易发生"盗匪潜踪"的案件。在雍正年间，直隶总督李卫就针对这一问题，向雍正帝提出要尽快厘清近畿地方管辖权的建议。其《请定经界疏》曰：

京师为畿甸重区，向有五城御史及巡捕京营，该管地方与州县互相交错，或地属州县而汛系京营，或汛辖外营而地为城属，即如长新店等处，街属城，房后属县，每逢雨水，道路泥泞，往来阻滞，而街非县管，呼应不灵。拱极城内数处管辖，保甲难稽。其他类此者，赌匪潜踪，彼此影射，命盗发觉，互相推诿，不一而足。……似此近畿要区，岂容因循贻误！虽屡有条奏，清查界址，添设巡检，终属犬牙相错，难收实效。至于旷野阡陌，更复茫无疆域。臣愚以为自圆明园南海淀以外，凡附京城地方，或议定以若干里为度，统归五城及京营管辖，将州县及外营所管间杂零星者，俱改正归并清楚，或向系州县外营管辖者，将附近五城所管错杂地方亦一并拨归州县外营，分晰界限，使内外文武各有责成，不相混淆，则匪类无所影射潜踪，其于巡查缉捕事宜，亦无牵制推诿，近京地方整肃，不无裨益，是否有当，伏祈圣鉴施行。谨奏。①

作为直隶总督的李卫提出该建议后，雍正帝对京城八旗旗界、五城御史及步军统领衙门、京营各自管辖的界限进行重新厘清，这对于加强京城治安管理起到了重要作用，但巡察缉捕区域的交叉并没有消除。

嘉庆四年（1799）九月二十七日长新店发生一起盗劫大案，就暴露了长新店地方长期以来治安管辖不够严密的问题。盗案发生的当天夜晚，长新店汛兵五名，"是夜在汛者止有三名。而西路捕盗兵丁四名，是夜全未在彼巡缉"。"长新店系附京要地，人烟稠密，为商旅往来辐辏之区。该汛兵丁既少，胡季堂早应筹议添设，乃官兵止此数名，尚有全不到汛者，有到止过半者，营伍废弛，莫此为甚。拱极营游击范建举，近在该处，于被劫之次日，并未即时查办，并有离长新店三十余里之麦石口把总驰往面告被劫之事。范建举仍置若罔闻，转以护送吉林兵丁为词，前往良乡一带。彼时吉林兵丁尚未到境，该游击先期前往，冀图卸责，亦由胡季堂平日遇事因循，遂至营员毫无顾忌。西路同知孟生阜，久已患病，经朕早有闻知，面询胡季堂，尚奏其并无病症，今则卧床不起，较前尤甚。以近京紧要之区，留此久病委顿之员，恋栈贻误，皆胡季堂回护瞻徇所致。除将游击范建举、同知孟生阜革职解京，交军机大臣会同刑部审讯外，胡季堂着交部严加议处"②。

范建举为拱极营游击，是对长新店负有直接责任的"督缉之员"，"长新店系范建举专汛地方，自应从严参奏革职拿问"，但长新店汛地的设施长期以来也是破败不堪，"兵丁该班房屋久经坍塌，只有墩台，全无堆拨房屋"③。另外，据当天应该值班汛地的兵丁李如纲、王必兴、李纯德供称，"我等于二十七日三更有广元号钱铺掌柜的来告铺中被盗，我等因长新店该班的房久经倒塌，只有墩台，全无堆拨房屋，向来总是各自赁房居住"④。

二、通衢大道必经之地

长新店是京城通往江南通衢大道（官道）的咽喉之地。无论官绅士子，还是商贾走卒，往来京城与江南各省的陆路通道，一般都要走这条线路。在明清时期众多官宦文人的笔记、诗文中也留下了不少关于长新店的记述。

例如，康熙朝曾任吏部侍郎兼翰林掌院学士的浙江海盐人彭孙遹，曾在长新店住宿的客店中见有一首署名"维扬女子"的题壁诗，因"甚凄惋可诵"，遂占一律，诗曰："维扬丽色多才调，彤管凄凉寄所思。似向人间伤薄命，却来壁上写新诗。空江孤雁流哀夜，寒岭清猿迸泪时。我向此中肠欲断，天涯沦落尽堪悲。"⑤又，清初著名诗人、浙江海宁人查慎行于康熙二十九年（1690）离京南返，在长新店告别一路送行的孙恺似、王令诒、严宝仍、刘大山及其家兄⑥。又，乾隆年间吏部尚书汪由敦在良乡迎驾乾隆帝回京后，途经长新店，"日已及暮，入广宁门漏下二鼓矣"。当日，撰《接驾宿常新店》诗曰："卢沟西去压长虹，古埭严城落照红。十里惊尘行荦确，一宵孤枕梦惺忪。市嚣未散初灯夜，邻箦徐飘隔卷风。屈指频年几经宿，雪泥何处认飞鸿。"⑦清代旗人作家文康在小说《儿女英雄传》第三回中也写到，张进宝主仆三人从庄园上起身，两个骡夫跟着，"顺着西南大路奔长新店而来。到了长新店，那天已是日落时分，华忠、刘住儿服侍公子吃了饭，收拾已毕，大家睡下，一宿晚景不提。"从仕宦文人的纪实性诗文乃至小说家映照现实的小说语言，都可以看出，长新店不仅是往来京城的通衢要道，而且是进出京城歇脚住宿的繁华小镇。

长新店也是明清时期皇帝巡幸江南或西巡五台山的御路官道的必经之地。康熙帝、乾隆帝巡幸畿甸或五台山时，出京和回京一般都是经卢沟桥走长新店这条通衢大道。由于长新店离京城很近，因此皇帝驻跸在此的机会并不多，但也不是没有。如果回京时，天黑前无法返回紫禁城，就会在长新店驻跸。例如，康熙二十二年（1683）九月，康熙帝奉孝庄皇太后巡幸五台山后返回京城时，于十月初八日驻跸长新店⑧。乾隆三十年（1765）正月，乾隆帝第四次南巡，出京时也是走卢沟桥、长新店。路过长新店时，乾隆帝还撰诗一首,诗曰:"村亘五里卢沟滨,庐舍比栉复次鳞。借问往来投店者,几不劳劳名利人。墟里盖藏真觉好,幸值去年登万宝。红联贴户竿竖灯,长新即此长安道。一二老人衣黄衣,欣于所遇顾赐之。向南日日数增倍,侍卫行赐将或遗。远惟有望近不厌,述圣名言可味思。"⑨

作为往来京师的必经之地,清代对于南北长约五里的长新店大街的修治和维护也颇为重视。雍正七年(1729)谕:"平治道路,王道所先,是以《周礼》有野庐合方之职,自四畿达之天下,掌其修治,俾车马所至,咸荡平坦易,津梁辐辏,行李通达,无雨雪羁滞之累。迩年以来,广宁门外已修石道,通州运粮之处亦修整高爽,往来行人颇为便利。今直隶至江南大道,车轮马迹,践压岁久,致通衢竟成沟堑,两旁之土高出如谷,一遇雨水,众流汇归,积涝难退,行人每苦泥泞,或至守候时日。朕心深为轸念,但此通行大道,久成洼下,势难培筑增高,而道旁高阜甚多。若于大道相近之处别开一道,工力似属易施,其间或有地形断续,应修建桥梁,或沟塍淤积,应疏浚水道,或所开之径有借用民田者,应补给价直并除钱粮,或绕行之路有远隔村庄旅舍者,应引归故道,使有顿宿。特遣大员于今年夏秋之交,自京师起程,由良乡至宿迁大道,一路踏勘,将作何别开新道,详悉议定估计工价,绘图呈览。钦此。遵旨察勘直隶、山东、江南三省道路,自宛平县长新店至景州刘智庙,应修道路长五万五百五十丈,修建桥梁四十八座。自刘智庙至郯城红花埠驿,应修道路长四万二千十有九丈,修建桥梁九十四座。自宿迁桃源至清河县王家营,应修道路长万一千八百十有二丈,修建桥梁二十座,并责令该州县于道旁补栽柳树,春秋亲往察勘。奉旨,工部即行文三省,动正项钱粮,乘此农隙之时,委官作速兴工,务于明春雨水前告竣,仍差官往勘,其修过桥梁道路交该地方官随时修整,并令新旧交代,永着为例。"⑩由于道路修治的主要方式是垫土培高、挑沟排水,因此历经数年的车轧马踏及雨水冲刷,这些道路又将再次"竟成沟堑"。尽管李卫在奏请中也提出所修过的桥梁道路应交各地方官"随时修整,并令新旧交代,永着为例",但实际的效果并不理想,很少有地方官会主动且持续地维护辖区内的通衢大道。

雍正帝在世时,挑选易县太平峪为自己修建万年吉地,而从京师前往易州,也必须经过长新店。雍正十三年(1735)十月甲午,雍正帝卒后,经直隶总督李卫疏言,于长新店"添设腰站一处"⑪,以增强京师至易州的驿站功能。乾隆元年(1736)六月,直隶总督李卫又奏请乾隆帝,希望仿照卢沟桥街口,将长新店街道全部铺设为石板路,得到批准。"窃照易州恭建山陵重地,为万年巩固形胜,一路桥梁,前经题名动项建造,六七月之内俱可告竣,其应垫道路,现在料理,先为凿石垫沟,其平坦土地并搭盖木桥,预办料物,俟霜降后即为完备,惟长新店街道有五里之远,系南北往来总路,地势低洼,两边民居之后俱多山岗,为众水所归,一遇阴雨,即加以灰土垫平碾实,仍然跋涉难行,如用石渣拌灰和土筑成,车马践踏,不免碾碎,而街之左右两条土高路窄,又非中道。臣再四筹划,惟有照依卢沟桥街口,铺盖厚石大版,一律坦平,约费三万余金,第工料采运颇繁,非可猝就。今接准部文奉移梓宫,吉期择定于十月十一日,尚有百余天,若无连阴雨水,犹可昼夜赶办完竣,即或料物不及全得,先立两傍牙石,安砌基址,临时加以灰土,填筑平稳,俟梓宫经过后,再为墁石铺盖,以作久远,往来要道,共乐荡平,则万国经由,永壮观瞻矣"。乾隆帝批示:"好!卿即委贤员作速办理,一面报部,一面动项趱修可也。"⑫

乾隆九年(1744)七月,经直隶总督高斌奏请,又修治了长新店至赵新店董公庵共计七里长的道路:"臣伏思进京通衢大道，自广宁门至大井及长新店街内，并琉璃河石桥，俱经修理，天下进京之人往来称便。今惟此数里行旅不便之道路，臣谨拟将如何修理之处详勘妥议，奏请圣训指示办理。"[13]

乾隆十一年（1746）六月，江南道监察御史沈廷芳又奏请修治长新店至涿州共计一百余里的道路："伏查雍正七年间世宗宪皇帝轸念由京师至江南道路，商旅繁多，日久低洼，雨水积聚，行人阻滞，特遣臣工前往查勘督率，不惜帑金，通行修筑，至今巩固，咸歌圣泽。惟长新店至涿州百里间为辇毂近地，十二省通衢往来，车马毂击肩摩，日以万计，践踏既久，路皆洼下，兼有两旁民地高于官道，一遇雨水，泥深潦积，宛若河渠，以致折辐陷蹄，行路之艰，实堪轸恤。仰请陛下饬直隶总督即令该地方官，各就境内照旧丈尺广袤，乘时悉心修治，低洼之处培土增高，两旁设沟蓄水，补种柳株，其工资于藩库存公银内支给，每岁时加修整，务使一例平坦，则周道如砥，行旅人民益沐皇仁于靡既矣。"[14]

乾隆帝批准沈廷芳所请，并将该项任务交由直隶总督那苏图具体办理。当年十二月初七日，经实地查勘，直隶总督那苏图汇报："臣覆查宛、房、良、涿四州县为十三省车马通衢，一遇雨水淋漓，难免泥泞潦积，但自长新店至涿州交界，计程一百零五里，其间地形段落本有高低不一，即两旁民地屋宇，多有高于大路之处，若一例开沟加垫，不特两旁民地房屋本高之所，中间官道难再加高，以致低者愈滋积水，且合之土方硪价成规，即酌加高一二三尺，已约需银一万数千余两，殊为糜费，况原奏指明低洼之处培土增高，则原系高垲段落毋庸加培，惟于低洼之处开沟引水、取土叠道，俾潦水有所归宿，低者既垫，则高者自平。今查得宛平县至涿州大道一百五里内，间有今秋銮辂经临、已修平之处，此外共应修垫洼地五十一段，计长六千四百九十三丈，核算共三十六里七分，皆系夏月雨水积聚之区，今相度地势，分别加高，自一尺至四尺不等，旁开小沟，取土叠道，共计土四万二千二百五十五方零，照永定河沙土用硪之例，计需土方银二千九百五十七两九钱零，硪价银一千一十四两一钱三分零。再查积水经由之地，必须添设桥梁，以便行旅，其积水或引入拒马、琉璃、牤牛诸河，或归旧存道沟及村庄水道入河，务使各有宣泄，计建大小木桥六座，约估银四百六十八两，以上共估需银四千四百四十两四分零，给发各该州县，俟春融，照估分段兴修，务期巩固，庶四州县低洼之所俱已培高，自不致有积水之虞，近京行旅皆出于坦途矣。"[15]乾隆十五年（1750）五月初三日，直隶总督方观承奏报此次修垫工程完工[16]。

经过雍正、乾隆两朝的多次修治，经长新店通往江南的通衢大道得到了较好的整治和维护。嘉、道以后，国力衰退，加之时势转移，官方对长新店以南的官道修治则愈来愈少。直至清末卢汉铁路的修建，长新店的交通地位又迎来了新的历史机遇。

光绪二十四年（1898），卢汉铁路开工建设，光绪三十二年（1906）全线通车。卢汉铁路不仅在长新店设站，而且机车厂等设施亦大都设在了长新店。这对长新店的发展起了重要的作用。正如老圃在《长辛店素描》中所言："长辛店在平汉路未修筑以前，不过是个镇集，归宛平县所属，各省进京走旱路的人是必须经此的，也不过是个暂息之所。自平汉路修成，总机厂便设在此处，车、工、机，三个总段办公处也设于此，更有电力厂、修车厂、工务修理厂、造林厂、存车厂……因为铁路员之集中，便把一个极简陋极闭塞的长辛店繁盛起来了！"[17]

三、颇具特色的商业

由于地处交通要道，清代的长新店尽

管只是一处近京小镇，但却是人烟稠密、商业繁荣的兴盛之地。这一点，可从乾隆五十一年（1786）十一月清政府查禁长新店铺户囤积杂粮与买空交易这一事件中略窥一二。

乾隆五十一年十一月，署西路同知黄碧海、宛平县知县蒋云师向直隶总督刘峨汇报了他们眼中长新店粮食铺户的违法行为。其一是囤积杂粮。在初次调查中，发现长新店永泰号郝宁山等十七家粮铺囤积杂粮共计15945余石。后来又续查出天和号段国卿等五家共囤积杂粮2380石，前后两次查出囤积杂粮的铺户共22家，共囤杂粮18325余石，除此之外，"别无囤匿"。其二，这些粮食铺户常年进行"买空卖空"的交易，即资金充裕的粮铺户主于每年六七月间"定虚价招买"，其间一般又有主管官仓的"斗级"等役吏充当中间人，"从中串合，写立批帖"，买空者一般每石先付定钱一千文，而卖空者"利其先得钱用，群相批卖"。等到秋天收成后，再按照时价清算，"若年岁十分丰稔，即按照批帖买粮交兑，如年岁中平，粱豆稍稀，即按时价将买空应赚之钱照数贴找"。黄、蒋二人还汇报，买空的锦成局李义等家共先给过买空制钱一万一千三百零五串，卖空的兴隆局文华等家共应照时价找出贴赚制钱八千零三十三串。在今天看来，这是典型的粮食期货交易现象，是市场经济和金融发展的新事物，而在时人眼里却成了违法行为。再说长新店作为交通咽喉之地，众多粮食铺户或以囤积或以买空卖空的形式，提供充足的高粱、黑豆等喂养马匹所不可或缺的杂粮，这对于来往京师大多依靠马匹驼只的官宦士子乃至商贾兵卒来说，无疑是个有力的物资保障。

户部尚书曹文埴和直隶总督刘峨闻知奏报后，认为长新店市镇粮食铺户所囤积杂粮虽然有一万多石，但"均系本年收成后甫经零星收买"，而且"未经出粜""尚无居奇情事"，况且这些杂粮并非集中在一两个铺户中，而是"匀散于二十二铺户，亦与大肆囤积者有间"，因此不能以"囤积居奇"论罪。至于买空卖空，作为高级官员的刘峨和曹文埴也没有超出时人的眼光局限，认为"似此空中交易，不独中平年岁获利倍蓰，即丰收价平之年，粮尽入于买空之家，亦必深藏不市，昂值居奇，于民食大有关系。若不严行惩创，无以警戒奸利之徒"。鉴于此，曹、刘二人在向乾隆帝汇报的奏折中建议将买空卖空的粮食铺主李义、贾仁、郝宁山、张永寿、文华、张凌汉、远仲芳、张德秀、赵汉汝、萧一鸣、常观、孟文光、韩一鸿、郭三仁、张成琦、董三、郭继唐、郝进明、高世瑞、史载事、员士喜、石珺、赵凌云等人，连同长新店斗级米芝琴、王太元、刘忠、康来等人一同定罪，"均照不应重律杖八十，折责三十板"，并在长新店镇上"枷号一月示众"，同时作为官场役吏的四名斗级"并行革役"。而已经查明的"买空定钱及应贴赚钱一并勒限追出入官，俾知买空之不独无利，且致失本，自不敢复萌故智，则买空弊绝，而卖空之风亦可不禁而自戢矣"⑱。乾隆帝同意刘峨与曹文埴二人的建议，将各铺户治罪，至于所追买空、卖空制钱一万九千三百余串，没有同意入官，而是"着赏拨普济堂、育婴堂、功德林、金台书院等处，以示惠恤"⑲。

此外，从嘉庆四年发生的长新店盗劫大案，也能看出长新店当时的商业兴盛情景。

嘉庆四年九月二十七日深夜，长新店大街东西两侧的钱铺、布铺共十三家被盗。此次盗劫是由内黄巨盗张标为首的一伙二三十人盗匪所为。这伙盗匪分别来自河南、直隶的不同地方，之所以选择长新店作为偷盗目标，就是看中了这里的"银钱铺户甚多"。据后来被拿获的盗犯永年县人李双喜供称："（嘉庆四年）九月里，张标说他上过京，见长新店地方热闹，都是山西人开的铺子，很有银钱，叫小的们去偷窃。"[20]大名府元成县人康文泰亦供称:"本年九月初头,我合张标在(内黄县)楚旺镇赶集,有直隶威县人赵老慕,小名赵小小,他向在京城彰义门外赵家车店帮闲,常到长新店。做贼,就在长新店北头路西、他直隶同乡王姓饭铺住歇。又有山东莘县人张四,也常在长新店来往,那日都在楚旺镇上聚会喝酒,他们说起长新店街上热闹,银钱铺户甚多,张标起意,各自纠伙,分路往劫。"[21]正是看中了长新店铺户众多、"很有钱"的缘故,于是张标等人撮合了二十三人的盗劫团伙,约定在长新店汇合,于九月二十七日晚盗劫。据铺户贾绘彩等供称:"伊等十三家各在该处开设钱店、布铺、烟铺,有门径毗连者,有同住一院者,是夜三更时分同被贼劫去银,自四两及数百两不等,亦有仅只被劫衣被三四件,统计失银三千余两,并零星衣物数十件,各店事主并伙计九人被贼殴砍带伤。"[22]

关于盗劫财物的细节,据深州人张二供称:"那夜,见有八九十人都在长新店街外沙岗子地方,为首的是刘二疤、马二疤、马六疤,……二更时走到长新店街上,刘二疤们一伙往南行劫,田三领着小的,合着孙三、连文,还有刘第老、李洛广、李秃子、王七疤、张九疤九个人合为一处往北,先打劫不识姓名字号钱铺内十四块银子,哦噔绸、褐衫、马褂数件,……后又打劫一个纸铺,得了八块银子、一包衣服、十五千大钱。又到一个粮食铺去打劫,因铺外喊嚷,就不敢动手。其余铺家是他们打劫的,小的们先后回到沙岗子上查看银子,共有三千多两。"[23]从张二所供来看,他们主要盗劫的是钱铺,此外所劫掠的对象还有布铺、烟铺。其中所提及的"哦噔绸",还是一种从俄罗斯贸易而来的布料。据《清实录》记载,乾隆五十四年(1789)正月,新疆境内商人常在俄罗斯地方贸易往来,"将俄罗斯之布勒噶尔哦噔绸等物换来"[24]。《儿女英雄传》第三十四回中亦提及这种布料制成的马褂:"正在吵不清,内中有个十八九岁的小爷,穿一件土黄布主腰儿,套一件青哦噔绸马褂子,搭包系在马褂子上头,挽着大壮的辫子。"长新店不仅有恒升、信成等十余家钱铺,而且有售卖"哦噔绸"这种从俄罗斯贸易而来的进口布料,足见当时长新店金融、贸易之兴盛。

除此之外,由于"商贾辐凑",茶坊酒肆在长新店也不在少数,以至于咸丰二年(1852)有税务衙门巡役因长新店二十余家酒铺存烧酒五万余斛而对酒铺进行勒索。据控告巡役非法勒索的酒铺店主田大等供称:"在宛平县属长新店地方开设酒铺,向来各铺存酒不过数百斛,均系村民零买。上年十一月间,因时值岁暮,又有修道工程,村民买酒较多,遂向各处烧锅买得烧酒七八千斛及二三千斛不等,以备陆续售卖,伊等所开酒铺地方,离卢沟桥税局尚隔数里,无从报税,亦未见有存酒不准过千斛之告示。十二月二十四日,忽被税务衙门巡役李六、刘三等查起,伊等二十家酒铺烧酒共五万余斛,并将伊等押送崇文门审讯,声言烧酒一斛罚银三分,另外索银三分,共索银三千余两,伊等不允给银,即被拏送等语。"[25]偌大一个长新店竟然有二十余家酒铺,而且所存烧酒达五万余斛,亦足见长新店市镇的繁华及其消费能力。

四、结语

综上,清代的长新店地处京师通往江南各省的陆路通道的咽喉之地,正是由于这种独特的交通地位,在继承明代的基础上,长新店依靠五里之长的长新店大街发展成为一个"人烟稠密""商铺云集"的近畿小镇。其商业经济发展有以下几个特色:一是茶馆酒肆众多。这主要是由于官宦士子但凡走旱路进京,就会经过长新店,而这里距离京师尚有大半天的路程,因此无论出京还是进京,往往将这里作为暂时歇脚之处；二是粮店、布店云集。粮食、布匹属于日常生活必需品消费，尽管长新店有五里长街，但常住人口并不多，按说粮食、布匹消费不会很大，之所以如此，也主要是因为流动人口的消费带动，在相当程度上，途经此地的官宦士子乃至商贾走卒，才是长新店物资消费的主体，而且这些消费群体的资金充裕，消费能力强；三是金融业的发展，即银钱铺户众多，这同样是官宦商贾等流动群体的消费带动的结果。

---

① 李卫：《请定经界疏》，《畿辅通志》卷九十四"疏"，文渊阁《四库全书》，中国台湾商务印书馆，1986年，第506册，第273—274页。

② 《清仁宗实录》卷五三，嘉庆四年十月庚寅，中华书局，1986年，第679—680页。

③ 朱批奏折：嘉庆四年十月十一日，直隶总督胡季堂"奏为钦奉谕旨革职留任勒限严缉长辛店劫犯谢恩事"，中国第一历史档案馆藏，档号：04-01-08-0077-032。

④ 录副奏折：嘉庆四年十月十二日，成亲王永瑆等"奏为遵旨会同刑部审讯长新店被盗一案已革游击范建举事"，中国第一历史档案馆藏，档号：03-2345-016。

⑤ 彭孙遹：《松桂堂全集》卷三二，文渊阁《四库全书》，中国台湾商务印书馆，1986年，第1317册，第240页。

⑥ 查慎行：《敬业堂诗集》卷十一，文渊阁《四库全书》，中国台湾商务印书馆，1986年，第1326册，第150页。

⑦ 汪由敦：《松泉集·诗集》卷十四，文渊阁《四库全书》，中国台湾商务印书馆，1986年，第1328册，第550页。

⑧ 《清圣祖实录》卷一一二，康熙二十二年十月乙巳，中华书局，1986年，第154页。

⑨ 《清高宗御制诗集·三集》卷四四，文渊阁《四库全书》，中国台湾商务印书馆，1986年，第1306册，第14页。

⑩ （乾隆朝）《钦定大清会典则例》卷一三五，"工部·都水清吏司·桥道"，文渊阁《四库全书》，中国台湾商务印书馆，1986年，第624册，第250页。

⑪ 《清高宗实录》卷五，雍正十三年十月甲午，中华书局，1986年，第252页。

⑫ 朱批奏折：乾隆元年六月初八日，直隶总督李卫"奏为长新店街道拟盖厚石大板请旨事"，中国第一历史档案馆藏，档号：04-01-37-005-2190。

⑬ 朱批奏折：乾隆九年七月十二日，直隶总督高斌"奏为遵旨议覆整修长新店至董公庵道路工程事"，中国第一历史档案馆藏，档号：04-01-37-0151-025。

⑭ 朱批奏折：乾隆十一年六月二十八日，江南道监察御史沈廷芳"奏为长新店至涿州道路失修请旨饬下修整事"，中国第一历史档案馆藏，档号：04-01-37-0151-037。

⑮ 朱批奏折：乾隆十一年十二月初七日，直隶总督那苏图"奏为遵旨议奏动修宛平县长新店至涿州一带大道事"，中国第一历史档案馆藏，档号：04-01-01-0135-041。

⑯ 朱批奏折：乾隆十五年五月初三日，直隶总督方观承"奏为修垫长辛店至涿州道路事"，中国第一历史档案馆藏，档号：04-01-01-0194-005。

⑰ 老圃：《长辛店素描》，《十日谈》1934年第35期。

⑱ 朱批奏折：乾隆五十一年十一月初六日，户部尚书曹文埴、直隶总督刘峨"奏为查出宛平县长新店一代囤积杂粮及买空卖空酌拟办理事"，中国第一历史档案馆藏，档号：04-01-01-0419-037。

⑲ 《清高宗实录》卷一二六八，乾隆五十一年十一月丙子，中华书局，1986年，第1100页。

⑳ 供单：嘉庆四年十月十九日，直隶总督胡季堂呈"为拿获长新店盗犯李双喜等供单"，中国第一历史档案馆藏，档号：03-2346-009。

㉑ 供单：嘉庆四年，直隶总督胡季堂呈"为拿获长新店盗犯康文泰等供单"，中国第一历史档案馆藏，档号：03-2346-005。

㉒ 朱批奏折：嘉庆四年十月初二日，直隶总督胡季堂"奏为长新店地方恒升信成等店被盗请将西路同知孟生阜等革去顶戴事"，中国第一历史档案馆藏，档号：04-01-08-0078-024。

（下转第38页）

乾隆御制圆明园农事诗研究

李营营

"农事"一词最早见于《左传》："夫郊祀后稷，以祈农事也。是故启蛰而郊，郊而后耕。"①朱熹在《诗集传》中这样定义"农事诗"，"凡为农事而作者，皆可冠以豳号。"即与农业生产等农事活动相关的诗歌便可称为农事诗。

圆明园里存在不少与农事相关的景点，几务之暇，无他可娱而往往作诗的乾隆帝为后世留下了大量有关圆明园农事活动的诗歌，这为我们探究圆明园农事景观文化内涵提供了丰富史料。

一、乾隆御制诗文所呈现的圆明园农事景观

曾经六下江南、遍览华夏山河景致的乾隆帝，仍掩饰不住对乡野田趣的喜爱之情，在《田家春兴》一诗中他这样写道："湖山岂不美，最喜是田家。过雨修春耒，临溪转水车。东阡芄绿毯，西陌簇黄花。揽结真娱意，端胜玩物华。"②为便于揽胜，在圆明园内建有多处以稻田、菜畦等为主要元素的园林景观，如北远山村、杏花春馆、多稼如云等。造园手法上，有的侧重建筑风格的乡居化营造，有的则追求整体环境的田园化。

（一）北远山村

这组景点位于圆明园北侧围墙内，仿南方水村景象，临水溪而建，在溪流北岸自东向西依次有院落、农田、茅屋、楼阁、庙宇（图一）。乾隆御制诗《夏日侍皇太后御园赏荷之作》曾对这里的景致这样描述："循苑墙度北关，村落鳞次，竹篱茅舍，巷陌交通，平畴远风，有牧笛渔歌与春杵应答。"③溪流北岸靠东侧是一处小院，院中正房名为绘雨精舍，西部为水村图，是一座三开间带前廊的小殿，又西有楼，前楼名为皆春阁，后楼名为稻凉楼，皆春阁两侧各有一座茅草顶的小房子，皆春阁的前部设有码头，供人登临观赏。再西有涉趣楼、湛虚书屋、观音庵等。溪流南岸对应地布置着几组建筑，在样式雷图档中有的直接被称为点景房，用以装点景致。村外开辟有桑田，是植桑养蚕之所，农夫、蚕妇常年在此劳作。

乾隆帝十分喜爱这里的景致，曾将之与赵孟頫《水村图》画意相比（图二），称"山村称北远，亦有水弯环。可课农桑事，无非烟霭间。蚕筐求叶出，渔网受风还。宝笈藏松雪，置身中不悭"④。在课农桑、寻渔乐中感受到了心灵的充盈。

从乾隆帝有关北远山村的诗歌可以发现，他曾数次悠游于此，在雨后、在初春又或在盛夏，诗文为我们描摹出多样化的水村景致。比如，乾隆二十五年（1760）所作《北远山村》："山村迩岁略稀游，雨后偷闲试泛舟。桃李清溪穿一带，诗吟

图一 《圆明园四十景图》之北远山村

图二 赵孟頫《水村图》

摩诘雅相投。"⑤红桃绿柳、清溪摇曳，经过雨水的冲刷后别有一番景致，激起了作者内心的诗意，让人流连而忘返。清明时节，乾隆帝再访北远山村，感慨道："清明时节自年年，何必虚名说禁烟。榆叶杏花交隐映，鸣榔声里又前川。"⑥而夏天时雨时晴的天气下水村景象胜似图画，可体验到人在画中游的美意，即所谓"时雨时晴首夏天，插秧一月早常年。水村佳景胜图画，着我几间好试船"⑦。

（二）杏花春馆

杏花春馆，位于后湖西北角。始称菜圃，雍正五年（1727）改称杏花春馆。乾隆御制诗《杏花春馆》诗序中这样描述道："由山亭逶迤而入，矮屋疏篱，东西参错。环植文杏，春深花发，灿然如霞。前辟小圃，杂莳蔬蓏，识野田村落景象。"⑧由此我们看出，杏花春馆的景观布局疏落有致，建筑物主要有杏花春馆、翠微堂、土地庙等，在村落南面空地置有菜畦、水井等。整体而言，杏花春馆景观的风格偏于简素（图三）。

乾隆二十年（1755），乾隆帝曾对杏花春馆予以改建，去除了菜畦，打通了东南山口与后湖，引湖水入山谷，同时将矮屋改建为院落，涧壑余清、春雨轩等建筑就建于此时。乾隆二十四年（1769），在春雨轩后堆叠山石，形成了后湖周围山体的最高峰。此时，杏花春馆村野乡趣的园林格局逐渐消失，而代之以参差错落的建筑群（图四）。

（三）澹泊宁静

建成于雍正五年的澹泊宁静，又称田字房，其主体建筑为一座"田"字形大殿，大殿四面各显七间，四周围廊，中井呈十字形，此景以隐喻手法表达了帝王对农业的重视，借助乾隆御制诗《田字房记》："其北则稻田数亩，嘉禾生香蔼闻于室。盖我皇父重农之心，虽于燕闲游观

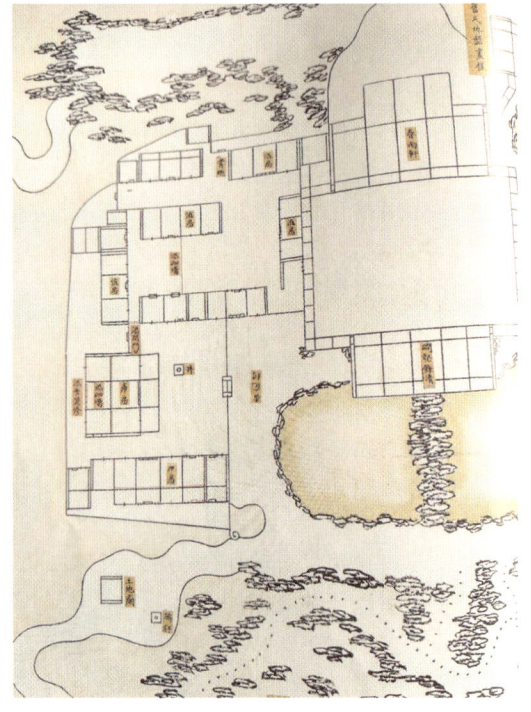

图三 样式雷图档中的杏花春馆平面图

图四 《圆明园四十景图》之杏花春馆

图五 《圆明园四十景图》之澹泊宁静

之所,亦未尝顷刻忘也。"我们知道这里种植有大片稻田,关于园内种植稻田的目的,在《题多稼轩》一诗中乾隆这样说道:"园中辟稻田,引水学种稻。轩名额多稼,奎章悬圣藻。无非垂教心,当识谷为宝。要惟雨旸时,逢年殷祝好。春夏例多旱,布种艰致早。"这表明圆明园内开辟稻田是为了让皇子皇孙们时刻牢记要以稼为宝,作为试验田,也可以供皇子们学习种稻插秧等农业技术,同时也方便皇帝近距离地观察农情、检验农时和体察农事(图五)。

(四)映水兰香

映水兰香位于澹泊宁静以西,初名"多稼轩"。与澹泊宁静单体面积较大、地势较为平坦不同,映水兰香单体面积相对较小且沟壑纵横,乾隆御制诗《映水兰香》诗序这样描述这里的景致:"在澹泊宁静少西,屋傍松竹交阴,翛然远俗。前有水田数棱,纵横绿荫之外。适凉风乍来,稻香徐引,八百鼻功德兹为第一。"看到数顷黄云黍及一畦畦稻子得到雨露的滋润,乾隆帝内心高兴极了,庄稼的味道闻起来甚至胜过了兰花的香气,由丰收带来的那种喜悦感洋溢于诗文之中(图六)。

映水兰香以殿宇多稼轩为核心,周

图六 《圆明园四十景图》之映水兰香

围有假山、溪流、竹亭、廊榭等景致,乾隆帝笔下的多稼轩十分优美:"络石萦林邃,飞湍云锦淙。岚崖沿得得,花雨落重重。可迟平桥步,恰闻远寺钟。只疑幽绝处,仿佛赞公逢。"⑨赞公是唐代高僧,当乾隆帝置身山石林立、溪水盘桓的曲幽之境,伴随着远寺的钟声,心灵得到安宁。寥寥数字,就写出了环境的清幽静谧,并由景及情,将心里的那份闲静之情抒发出来。

在多稼轩的东侧,临稻田田坎而建的是观稼轩,顾名思义,是供帝后、皇子皇

图七 《圆明园四十景图》之多稼如云

孙观赏耕稼活动而建造的。

在圆明园内，除了澹泊宁静、映水兰香外，水木明瑟的知耕织、丰乐轩以及圆明园四十景之一的多稼如云（图七）等也是主要以农事活动为主的园林景观，皇帝们经常于此观看农事活动。

二、乾隆御制圆明园农事诗的主题

中国古语有云："饥者歌其食，劳者歌其事。"清代帝王作为劳心者，已然脱离了具体的农事劳作，但在以农为本的封建社会里，他们深谙"王政之本，在乎农桑"之理。在皇家园林设立稻田菜圃，正是清帝重农思想的重要体现。

清统治者入主中原后对农事活动尤为关切，康、雍、乾三帝有关农事的具体政令对此体现得淋漓尽致。史料记载，康熙皇帝南巡时见到了南宋绍兴年间所绘《耕织图》，遂即令内廷在此基础上绘制了一套全新的《耕织图》，这套耕织图包括耕图和织图两部分，各23幅，共计46幅。每幅均配诗一首。雍正帝继承了康熙帝的重农思想，早在登基之前就以康熙年间刻版《耕织图》为蓝本，命宫廷画师绘制了一套纵39.4厘米、横32.7厘米的图集——《雍正耕织图》（图八）。这套图集分为

图八 《雍正耕织图》局部

耕图和织图两部分，描绘了从浸种、耕田、耙耱到布秧、拔秧、耘田、灌溉、收刈、登场、舂碓、簸扬、入仓等农业生产的全过程。为了全面揭示农事细节，雍正帝为每幅画题诗一首，纵观康、雍题诗，风格简约直白，多是对农业生产过程的详细阐述与说明，主要目的在于指导农桑。

圆明园初建时，除了政务区、帝后寝殿外，雍正帝还特意在园内开辟田庐、营造蔬圃，在《圆明园记》中他这样说明其用意："园之中或辟田庐，或营蔬圃，平原朊朊，嘉颖穰穰。偶一眺览，则邈思区夏，普祝有秋。至若凭栏观稼，临陌占云，望好雨之知时，冀良苗之应候，则农夫勤瘁，穑事艰难，其景象又恍然在苑囿间也。"⑩出于稼穑艰难而对百姓的体恤之情，也为了验证农时、按照时令及时督导农耕活动，雍正帝在圆明园开辟出田庐，广植水稻、蔬果。

乾隆即位后，继承其皇祖、皇考遗志，继续大力推行重农思想，圆明园置农桑、观农稼活动也由此得以延续，乾隆九

年（1744），乾隆帝作诗《御园亲耕》，指出："我朝得天下，马上寨旗帜。创武守以文，耕稼尤留意。皇祖绘为图，种获编次第。皇考耕藉田，岁岁禾双穗。谓是御园中，朝暮便亲视。"重农、悯农、观农思想可见一斑。

在有关圆明园农事景观的御制诗文中，乾隆帝不止一次地吟咏御园观稼，以此表白自我心志，比如《杏花春馆》："霏香红雪韵空庭，肯让寒梅占胆瓶。最爱花光传艺苑，每乘月令验农经……夜半一犁春雨足，朝来吟展树边停。"⑪再比如《多稼轩》，在诗序中他写道："朴室数楹，面势庨豁，东牖临水田，座席间与农父老较晴量雨。"⑫《映水兰香》诗中则道明了园居观稼的目的："园居岂为事游观，早晚农功倚槛看。数顷黄云黍雨润，千畦绿水稻风寒。心田喜色良胜玉，鼻观真香不数兰。日在豳风图画里，敢忘《周颂》命田官。"⑬乾隆三十五年（1770），出于对农人耕稼之苦的体恤，乾隆帝祈望丰年，诗文《耕耘堂》就表达了帝王的这种美好夙愿："山堂近北墙，俯视见墙外。墙外复何有，水田横一带。绿云蔚芃芃，怒长雨既霈。耕耘忙农夫，胼胝力诚惫。所以亹祈年，斯实苦之最。"⑭

由圆明园农事景观的相关御制诗文我们发现，乾隆帝对于农事丝毫不敢懈怠，凭窗倚槛并不是为了园居游乐，而是要观稼穑、验农时、督农事，希望通过御园观稼验农收获古民歌中所希冀的那种丰收喜悦。

三、乾隆御制圆明园农事诗的独特价值

乾隆帝特殊的政治身份决定了其农事诗具有强烈的现实主义风格，这成为我们解读乾隆农事诗的惯常视角，这种视角的症结在于，忽视了乾隆帝同时还是一个内在情感结构极为丰富的生命个体，除了皇帝身份，他还是一位具有极高汉文化造诣的文人，文学文化涵养下的文人雅致必然会不自觉地流露于诗文，使得乾隆御制农事诗超越普通皇家御制农事诗写实性的单一维度而别具一番韵味，加之圆明园作为园林景观的观赏性属性，二者共同决定了乾隆御制圆明园农事诗不仅具有观稼验农的功利属性，而且还具有审美性的价值维度。

圆明园美景众多，盛时园林景群达百余处，乾隆帝深谙其美，乾隆元年（1736）正月即传旨如意馆画师冷枚、唐岱、沈源等起稿分景画样，制成了《圆明园四十景图》，每幅图附有弘历诗文《四十景题诗》，每一画幅皆采左诗右图款式。与乾隆所作农事诗相关的景群，如杏花春馆、映水兰香、水木明瑟、多稼如云、北远山村等均位列圆明园四十景，这表明在乾隆帝内心，圆明园农事景观绝非仅是观稼验农之所，从农事诗诗题《春日泛舟过北远山村》《夏日泛舟过北远山村》等来看，乾隆帝也的确未将北远山村等农事景观仅做实用性审视。在这些有关圆明园农事景观的御制诗文里，乾隆帝时而化身隐士，时而化身佛僧，时而羽化登仙，好不逍遥自在！春天，杏花春馆里杏花满园，面对满树的杏花，乾隆帝幻想自己置身仙境而化身隐士，手提酒壶自饮自酌，脚踩木屐，边走边吟，这种舒心与自由，怎一个自在可以形容。（《杏花春馆》："为梁谩说仙人馆，载酒便宜小隐亭。夜半一犁春雨足，朝来吟展树边停。"）夏天，多稼如云南侧池塘里的荷花盛开，乾隆帝陪皇后、皇太后赏花，作《夏日侍皇太后御园赏荷之作》："香因风细常清远，色带雨鲜恰净真。漫道西池桃实好，岂堪王母笑称春。"在乾隆帝内心，荷花香远益清源于这里的风比较微细，荷花色鲜明净源于雨水的冲刷，且冲刷得恰到好处。观察之仔细、游赏之惬意可见一斑，此时，乾隆帝眼中已然脱离了观稼验农之实务而完全沉浸于欣赏活动。

面对多稼轩周围由假山、溪流、竹亭、廊榭堆成的幽境，乾隆仿佛体味到了僧人身处之幽静。"络石萦林邃，飞湍云锦淙。岚扉沿得得，花雨落重重。可迟平桥步，恰闻远寺钟。只疑幽绝处，仿佛赞公逢。"雨后的北远山村甚是迷人，乾隆帝泛舟其上，当两岸的桃树李树随溪后移，自己仿佛是从桃李树林中由河带而游出之人，此时，唯有王维的诗句可与这里的景致及内心的雅趣相契合，正所谓"山村迩岁略稀游，雨后偷闲试泛舟。桃李清溪穿一带，诗味摩诘雅相投"。

从以上列举的几首诗我们看出，乾隆帝具有极高的文学文化修养，文学经典、文化典故信手拈来，在艺术世界里更是任意遨游，时而化仙、时而成道，与田间地头观雨量、查农情的严肃帝王姿态迥然有异。究其原因，正是因为乾隆帝暂时抛开了政工之役，从而心理上也就解除了与圆明园农事景观之间的现实功利目的，以一种无功利性审美心态去对待农事景观，收获的风景当然也就不一样了。

以上就是对乾隆帝御制圆明园农事诗审美价值的探析。今天，圆明园里很多农事景观已然面目全非，导致后人很难想象和体味其往日的风采，这给圆明园文化的传播与推广带来很大困难。作为文博工作者，我们有责任让这些陈列在广阔大地上的遗迹活起来，重新在新时代里焕发勃勃生机。我想办法之一也许离不开这些书写在古籍里的诗文，借助由一串串文字所编织起的历史故事、园林文化，让中华文化精髓在新时代里更加鲜活感人，后人因此得以更形象、更直观地去理解、体会中华民族最深层的精神追求，进而铭记中华民族所特有的精神标识！

---

① 杨伯峻：《春秋左传注》，中华书局，1995年，第90页。

② 《田家春兴》，选自《清高宗御制诗文全集》，御制诗二集第二十四卷，中国台北"故宫博物院"印行，1971年，第499页。

③ 《北远山村》，选自《清高宗御制诗文全集》，御制诗初集第二十二卷，中国台北"故宫博物院"印行，1971年，第369页。

④ 《赋得水村图》，选自《清高宗御制诗文全集》，御制诗三集第三十六卷，中国台北"故宫博物院"印行，1971年，第778页。

⑤⑥ 《北远山村》，选自《清高宗御制诗文全集》，御制诗三集第三卷，中国台北"故宫博物院"印行，1971年，第298页。

⑦ 《水村图三首》，选自《清高宗御制诗文全集》，御制诗三集第一十三卷，中国台北"故宫博物院"印行，1971年，第431页。

⑧⑪ 《杏花春馆》，选自《清高宗御制诗文全集》，御制诗初集第二十二卷，中国台北"故宫博物院"印行，1971年，第365页。

⑨⑫ 《多稼轩十景诗》，选自《清高宗御制诗文全集》，御制诗二集第八十七卷，中国台北"故宫博物院"印行，1971年，第615页。

⑩ （清）胤禛：《世宗宪皇帝御制文集》卷五《圆明园记》。

⑬ 《映水兰香》，选自《清高宗御制诗文全集》，御制诗初集第二十二卷，中国台北"故宫博物院"印行，1971年，第368页。

⑭ 《耕耘堂》，选自《清高宗御制诗文全集》，御制诗三集第九十一卷，中国台北"故宫博物院"印行，1971年，第708页。

（作者单位：圆明园管理处）

乾隆时期历代帝王庙增祀事考略

于 淼

北京历代帝王庙始建于明嘉靖时期，是明清两朝祭祀古代帝王的皇家庙宇，庙内供奉上起三皇五帝、下至明末崇祯的188位古代帝王。这一帝王祭祀体系经过明清皇帝多次调整，最终于乾隆时期形成。乾隆皇帝对历代帝王庙最大的贡献之一便是以"中华统绪，不绝如线"为准则，调整庙内入祀帝王，推动并完善了历代帝王庙统一多民族的帝王祭祀体系。因此，对乾隆时期历代帝王庙增祀的研究，不仅可以深入了解乾隆皇帝个人的历史观与民族观，亦可进一步厘清历代帝王庙入祀帝王的发展轨迹。本文首先对历代帝王庙入祀帝王的历史沿革做简单的回顾与梳理，继而通过对史料档案的解读，将乾隆时期增祀前后过程进行了详细的归纳与整理，并对此次增祀进行了一些思考。今不揣浅陋，谨申之如下。

一、乾隆朝增祀前帝王入祀情况

洪武七年（1374），明太祖朱元璋为彰显中华一统帝系的历史传承特点，同时体现对元朝的民族包容，在南京创建了历史上第一座历代帝王庙，集中崇祀三皇（伏羲、炎帝、黄帝）、五帝（少昊、颛顼、帝喾、唐尧、虞舜）、夏禹王、商汤王、周武王、汉高祖刘邦、汉光武帝刘秀、隋高祖杨坚、唐太宗李世民、宋太祖赵匡胤和元世祖忽必烈17位历代开国之君[①]。后庙宇遭火，于洪武二十二年（1389）重建，同时罢祀隋高祖杨坚[②]。

嘉靖十一年（1532），明世宗朱厚熜于北京再建历代帝王庙，祭祀帝王人物与南京旧庙保持一致，仍为16人[③]。嘉靖二十四年（1545），因受到蒙古鞑靼部的侵扰，明世宗不顾违背祖制，断然将元世祖忽必烈进行了撤祀。故至明末，历代帝王庙内共祭祀帝王15人[④]。

清朝建立后，在清承明制的背景下，历代帝王庙被继承下来。顺治前期，由睿亲王多尔衮摄政。顺治元年（1644）六月，多尔衮将明太祖朱元璋的牌位迁入历代帝王庙[⑤]。顺治二年（1645），多尔衮着手对历代帝王庙入祀做进一步调整，不仅恢复了对元世祖忽必烈的祭祀，同时还将辽太祖耶律阿保机、金太祖完颜阿骨打、金世宗完颜雍和元太祖铁木真等一并增祀。至此，历代帝王庙的入祀帝王人数达到21人[⑥]。

康熙皇帝深知当皇帝的不易与坐天下的艰辛，在去世前两年，他开始关注历代帝王庙，并于康熙六十年（1721）四月和康熙六十一年（1722）四月，两次颁布谕旨，拟对庙内入祀帝王进行调整。谕旨中针对过去的纷争，尤其是对只重视开国创业、而忽略治国守业的做法提出了不同意见，还明确提出了"凡曾在位，除无道被弑、亡国之主外，应尽入庙崇祀"的帝王入祀标准[⑦⑧]。礼部诸臣花了很长时间领会研究，遗憾的是最终增祀方案还未及上报，康熙皇帝就猝然离世了。雍正皇帝御极未久，即命"依议速行"，在第一时间迅速落实了康熙皇帝的遗旨，使历代帝王庙发生了空前的变化[⑨]。调整后，历代帝王庙入祀帝王从原有的21人增加到了164人。

此外，乾隆元年（1736）七月，乾隆皇帝曾为建文帝朱允炆追加了"恭闵惠皇帝"的谥号。乾隆二年（1737），在管理礼部事务、和硕履亲王允祹等臣的建议下，乾隆皇帝特准建文帝以谥号之名入祀历代帝王庙，位列明太祖朱元璋之下，纳入正统帝王之序列⑩。因这次增祀不在本文讨论范围之内，故暂不展开论述。

二、乾隆后期历代帝王庙增祀

至乾隆后期，历代帝王庙入祀帝王虽已达到165人之多，但乾隆皇帝认为仍有许多不妥之处，需要进行厘定或补充。据《清实录》记载，乾隆四十九年（1784）七月，乾隆皇帝在阅览《四库全书》内的《大清通礼》时，对于当年康熙朝议礼大臣未能深入领会康熙皇帝增祀初衷就将酌拟增祀帝王草草了事的做法大为不满。对此，乾隆皇帝亲自撰写了一篇1059字的谕旨，集中阐述了自己对帝王入祀观所进行的深入思考⑪。关于这篇谕旨，许伟先生《乾隆皇帝对历代帝王庙的三大贡献》及曹海涛先生《清乾隆皇帝：法戒论和统绪论的祭祀境界》中有详尽介绍和精辟论断，本文不作赘述，择其要点，概述一二：

谕旨中首先指出了入祀帝王的偏向问题。乾隆认为，按照康熙六十年谕旨中的要求，上自伏羲、黄帝，下至明朝帝王，其间的创守之君都应入庙享祀。可是当时的大臣未能仰体圣意，在偏安之主中只入祀了辽、金帝王，而像东西晋、南北朝、前后五代这些偏安政权的君主则没有入祀，这是有意区分南北、轻重、高低的做法，明显违背了圣祖康熙的本意。乾隆皇帝利用史论举例说明，反驳了只入祀辽、金帝王的狭隘偏见，还进一步强调了入祀"偏安之主"的合理性与必要性。

其次是从帝王为政上着眼，效法康熙皇帝撤祀汉之桓、灵二帝。康熙认为，明朝亡国的祸根，在于神宗、熹宗两朝的朝纲堕毁、法纪松弛，崇祯帝虽然励精图治，勤苦不已，但已经不能挽救国家危亡，并在覆亡之际，自缢殉国，不可与无德失国的帝王同列。故可祀崇祯，不祀神宗、光宗、熹宗。乾隆仿效康熙皇帝的做法，认为东汉的桓、灵二帝对于国家的衰亡负有不可推卸的责任，导致了汉献帝的亡国。因此，汉之桓、灵不能混入历代帝王庙滥叨庙食，应该罢祀撤出。

需要特别强调的是，乾隆皇帝在这篇谕旨中还以"中华统绪，不绝如线"的精辟语言，高度概括了历代帝王一脉相传的整体特点。他认为在中华帝王的传承谱系中，既要包括正统王朝（大一统），也应包括偏安之国（割据政权），两者不可或缺，否则就会造成帝系的中断与历史的空白。

七月初七日，军机大臣和珅等人面奉谕旨，"历代帝王庙祀典应行增祀之处，着大学士、九卿详议具奏……明年春祭亲诣行礼，所有议准后一应神牌、位号、典礼俱须赶办，方可届期无误"。随后由军机处将该谕旨传于大学士、六部九卿等人知晓，并叮嘱说："各位大人接奉后即饬所司速行办稿，并恭绎圣意详悉妥议，斟酌允当，以期无滥无遗。得稿后先寄弟等阅看，公同酌核，尽善再行。寄回缮折，具奏可也。"可见，有了康熙朝议礼诸臣的前车之鉴，对于这次增祀历代帝王的论证，无论是军机大臣还是内阁六部，都是谨慎再三，生怕出现纰漏⑫。

得旨后，大学士、九卿等臣进行了详细的商核，并于七月二十二日向军机处递交了一份"增祀两晋等朝各帝王"的议折。单内不仅开列了拟增祀帝王的名单，而且还在帝王名号之后缀有简要史论，说明增祀理由。大学士、九卿等大臣希望军机处对这份名单进行审核把关，以防有差。现笔者将该清单文字转录如下：

酌拟增入庙祀帝王：

晋元帝，史称雄武不足，恭俭有余。
晋明帝，史称机断聪明，规模日远。
晋成帝，史称留心万机，志在简约。
晋康帝，史称克俭厥躬，激扬流弊。
晋穆帝，史称讲经释奠，十余年中外无事。
晋哀帝，史称宽惠为德，崇尚黄老。
晋简文帝，史称无济世大略而神识恬畅。
（南朝）宋文帝，史称性存俭约，讼理政平。
宋孝武帝，史称听讼录囚，勤于为政。
宋明帝，史称读书爱文，宽仁待物。
齐武帝，史称延年安乐，明罚厚恩。
陈文帝，史称志度宏远，行己恭俭。
陈宣帝，史称平理万机，开拓土宇。
（北朝）元魏道武帝，史称制度经谟，奋扬灵武。
元魏明帝，史称隆基固本，外辑内和。
元魏太武帝，史称雄断聪明，威灵杰立。
元魏文成帝，史称养成布德，怀辑中外。
元魏献文帝，史称聪睿雄断，更清沙漠。
元魏孝文帝，史称雄才大略，制作经纬。
元魏宣武帝，史称缵承德业，布化从容。
元魏孝明帝，史称冲龄统业，享国未久。
（后）唐明宗，史称纯质宽仁，恤民节俭。
（后）周世宗，史称英明武断，勤于为治。

酌议不庙祀帝王：

西晋：武帝、惠帝、怀帝、愍帝
东晋：废帝奕、孝武帝、安帝、恭帝
元魏：孝庄帝、节闵帝、孝武帝
东魏：孝静帝
西魏：文帝、废帝钦、恭帝
宋：武帝、少帝、前废帝业、后废帝昱、顺帝
齐：高帝、废帝郁林王、废帝海陵王、明帝、废帝东昏侯、和帝
梁：武帝、简文帝、元帝、敬帝
陈：武帝、临海王、后主
北齐：文宣帝、废帝殷、孝昭帝、武成帝、后主纬、幼主恒
北周：孝愍（闵）帝、明帝、武帝、宣帝、静帝
后梁：太祖、末帝
后唐：庄宗、闵（愍）帝、废帝从珂
后晋：高祖、出帝
后汉：高祖、隐帝
后周：太祖、恭帝

以上共五十五帝[13]

此外，经过大臣们的考证，历代帝王庙中入祀的唐代帝王里没有唐宪宗，金代帝王里没有金哀宗。史载，唐宪宗曾果断地削平僭越叛乱者，不为群议所惑，功不可没；金哀宗救亡图存，从容殉国，比明愍帝崇祯更为光彩。对于唐宪宗、金哀宗是否应当一体增祀，还需要请乾隆皇帝来钦定。至于东汉灭亡的原因确实在桓、灵二帝，不在汉献帝，自应将汉桓帝、灵帝撤出历代帝王庙，以示公正。

七月二十八日，乾隆皇帝对于大学士和九卿给出的增祀23位帝王和撤祀汉之桓、灵二帝的提议给予了认可。同时，他还进一步指出，唐宪宗处于唐朝中叶，当时各藩镇节度使仗势骄横，僭越不守臣规，反叛朝廷。唐宪宗命将征讨，削平叛乱，功劳很大，在整个唐代历史中，还是属于一代明主。其末年被内官偷偷药死，是奸邪利用机会突然造成的祸变，与那些因荒淫、失德而招致政变的被杀者不一样。至于金哀宗，正处于金王朝的衰败期，国家形势已经不可扭转，推断他遭遇失败的缘由，实际上是因为金熙宗、海陵王荒淫暴虐。金哀宗最后自缢身亡，以身殉社稷，应与明崇祯帝同视之，故当一体

增祀[14]。

八月初一日，乾隆皇帝下旨，对新增帝王牌位在龛内的摆放问题提出了具体要求。"现在定议新增之历代帝王牌位，不必另立新龛，只须依次于旧龛内排列增入。如旧龛不能并列，即分作前后两层供奉亦可。钦此。"[15]和珅等人将此谕旨转至礼部后，礼部很快就将绘制好的帝王牌位顺次图进行了上报。

八月十二日，军机处回复礼部称："接到尊札，所有酌拟增祀各帝王神位入龛位次甚为妥协。兹将原图仍行寄回，俟过万寿节（按：万寿节即为皇帝生日，乾隆生日为农历八月十三日）贵部缮折，同原图具奏可也。"[16]

八月十八日，也就是万寿节过后的第五天，礼部大臣再次上奏，称由乾隆帝钦定的魏晋、前后五代及唐宪宗、金哀宗等25位新增帝王神位已经行文工部，命其制造。并对乾隆帝之前提出的牌位摆放问题也进行了回奏："至供奉位次，恭查历代帝王庙原设七龛，臣等遵奉谕旨，将旧有神座及新增牌位，即于原龛内按照朝代依次排列，足敷供奉，毋庸另立新龛，所有酌拟增入位次谨绘图粘签恭呈御览，伏候训示。"同时，对于增祀需要添加的祭器、祭品等项，也已交由太常寺负责具体办理[17]。两天后，乾隆皇帝做出批示："明春增祀神牌入庙，即于致祭前一日安奉。祭日亲诣行礼，照常仪注即于春祭一并举行，惟祝文内应将增祀之处交翰林院添撰数语。钦此。"[18]

八月二十六日，太常寺将历代帝王庙增祀添造笾篚等项清单发至内务府，具体如下：

竹笾二具，并盖；竹笾二十个，并盖；铜豆二十个，并盖；铜登二个，并盖；铜铏四个，并盖；铜簠四个，并盖；铜簋四个，并盖。[19]

关于此次增祀牌位的尺寸及用料，在一件名为"为支领成造各帝王庙神牌应用楠木一案抄单事致内务府等"的档案中有所记载。该档案时间为乾隆四十九年九月初五日，据委署主事萨炳阿等人上报称："查得各帝王神牌二十五座，系楠木成造，请行文内务府预给楠木，以便赶办"，"按例核算折见方尺，四尺五寸五分八厘。"[20]据《大清会典》记载："凡奉安神位于坛庙，皆办其式而谨制焉。坛庙神牌用栗木质，髹饰涂金，承以龛座。应行制造及髹饰，派员带领匠役于坛庙内奉移洁室，遵照长宽尺寸，敬谨修制。"[21]一般坛庙中供奉的神牌多由栗木所制，而此次增祀帝王神位皆用楠木制作，可见乾隆皇帝对于历代帝王庙重视程度之高。

三、礼部官员因帝王顺次事被罚

乾隆五十年（1785）二月，乾隆皇帝以七十五岁的高龄第六次至历代帝王庙亲祭[22]。在这次祭祀中，落实了上年所议增祀的历代帝王，但增祀之事并没有就此结束。

据《乾隆朝上谕档》记载，乾隆五十年二月二十三日，大学士阿桂等人就历代帝王庙所奉帝王神位顺次一事进行上奏。奏折内首先提到，在去年大学士九卿会议具奏时，元魏之主本神牌应位列晋、宋、齐、陈之后。但在排列龛位过程中，由于礼部堂官的疏忽，误将元魏之主列于晋代之前，实属大错。特请旨将负责官员交部议处，并按原议位次进行更正；其次，辽代六帝乃是顺治、康熙朝始行崇祀，查《大清通礼》等书，辽代帝王皆在宋代之前。按乾隆四十九年七月谕旨中所言，历代帝王崇祀之事不应"区分南北，意存轩轾"，那么辽代及宋代帝王牌位顺次是否应当进行更易，还需由乾隆皇帝亲裁[23]。

二月二十八日，乾隆皇帝命吏部具体负责查办历代帝王庙帝王神位顺次排列错误一事[24]。随后吏部将该文移交给礼部，命其尽快上报应议论处人员职名，以便查办。礼部查明后称："除本部汉尚书姚（成烈）于定议龛座时尚未到任，汉左侍郎庄（存与）定议龛位时随驾热河未经列衔外，相应将本部应送堂衔移咨吏部办理。"礼部移送的待议处名单中共有四人：礼部尚书兼镶黄旗汉军都统德保，左侍郎兼镶黄旗满洲副都统公中佐领达椿，右侍郎兼镶蓝旗满洲副都统公中佐领德明和右侍郎陆费墀。

三月二十三日，吏部拿出了处理意见，对于礼部提交的四名官员应均照承办错误降一级留任。查德保有加四级，达椿有加一级，故应各销去纪录四次，俱抵降一级，均免其降级。陆费墀从前罚俸三月之处仍注于纪录，合计抵销（按："纪录"是清朝对官员的奖励。因业绩、军功给予"纪录"，可以抵销降级、罚俸等处分。按照典章规定，纪录四次抵加级一次，亦可抵销降级）。两天后，乾隆皇帝降旨："德明着降一级留任。德保、达椿俱着销去加一级，免其降级。陆费墀着抵销去纪录四次，免其降级，其从前罚俸三个月之处注于纪录抵消。钦此。"㉕

至于辽代帝王牌位顺次一事，主事大臣在奏明乾隆皇帝之后，对《春明梦余录》《大清会典》《大清通礼》《皇朝文献通考》等书进行了详细查阅。除确认辽、金二代在明代时未列入历代帝王庙以外，还发现顺治及康熙时，历代帝王庙内辽、金帝王均在宋前，至雍正年间，辽在宋前，金在宋后。乾隆皇帝于三月二十日下旨称："辽仍列宋前，不必改。钦此。"㉖

四、对于本次增祀的一些思考

乾隆皇帝的此次增祀对于历代帝王庙中帝王祭祀体系的发展与完善起到了至关重要的作用。对于本次增祀，笔者进行以下思考：

其一，乾隆之所以能够站在"中华统绪，不绝如线"的高度，用"大中至公"的标准和"有理有据"的做法来纠正、解决入祀帝王的诸多问题，很重要的一个原因是他对中国历史的精熟深通和对史学的持续关注。

早在幼年时，乾隆皇帝就开始接受系统的历史学习，众帝师为其选读《通鉴纲目》《史记》《汉书》等史籍，为他剖析前朝历史，讲评"历代治乱"的经验道理。《御制乐善堂全集定本》是乾隆皇帝藩邸时期诗文作品的集结，其中就有不少对前代王朝或帝王的精彩论断，譬如在《东晋总论》中评价晋元帝"果有恢复之志，亲统荆吴之众，兴除暴之师，速诛刘石，克清天下"，晋明帝"少而聪敏，躬殄大憨"，晋成帝"勤俭爱民，亦当世之令主也"㉗。在《唐宪宗论》中称赞唐宪宗"以英武之资，用贤能之相，听言纳谏，约己安民，翦除藩镇"㉘。在《后唐总论》中强调："余（乾隆）读五代史，五十年间易国凡五，未尝不废书而叹也。曰：嗟夫！世道哀微，人心偷薄，朝梁唐而夕汉晋，迄无定向。然考其得国之正，彼善于此者，犹以后唐为差胜焉"，评价后唐庄宗为"首承父烈，加以英勇之资，屡战屡胜，遂歼巨寇，建国立社"㉙。继位后的乾隆皇帝依然酷爱研经论史，且颇有见地。乾隆四十三年（1778），乾隆用三个月时间写成了一套历史题材的组诗，名为《全韵诗》，数量多达106首。其中有76首是咏述上起尧舜、下至明朝的历史，诗中缕述前代帝王的功过得失，遍加评述。不仅反映了乾隆皇帝个人的历史思想与史学观念，也为后人提供了政治上的借鉴。

在本次增祀过程中，无论是谕旨中对南北朝、前后五代帝王的论断，还是提出撤祀汉之桓、灵二帝的主张，抑或是在唐宪宗、金哀宗是否应当入祀的裁断上，乾隆皇帝都能做到从对历史的分析中提出见解，对史实进行论证。这些都得益于他重视历史方面的学习及对历代守成君主的关注。

其二，此次增祀彰显了乾隆对其祖父康熙皇帝的崇敬之情。乾隆自幼聪慧，才华初露，一次在晋谒祖父康熙皇帝时当面背诵书文，不仅一字无误，还陈其义解，深得康熙欢心，于是康熙下令带回宫中养育。虽然只有半年的时间，但在这段日子里，祖孙二人朝夕相处，感情融洽。康熙读书写字，批答奏章，接见官员，弘历都不离左右，甚至讨论军国大事，弘历都毋庸回避。到了乾隆晚年，还经常回忆起这段往事，反复申述，津津乐道。乾隆三十八年（1773），为了纪念祖父对他的眷顾之恩，乾隆皇帝还特意创作《避暑山庄纪恩堂记》以示缅怀。文中言道："夫五十余年之事，历历如昨，而予六旬有三，亦视曾孙矣！不有以纪之，子若孙其何由知？此予所以追忆而涉笔也。子若孙，其尚念我皇祖何以眷顾我之深，及我之乾乾矻矻，何以不敢负皇祖之恩。"㉚

乾隆认为圣祖康熙文武兼资，功德彪炳。常讲"体皇祖之心为心，法皇祖之事为事"㉛，效其所行，法其所事，视康熙为楷模，希望达到皇祖所取得的伟大成就，并有所发展，功勋更著。在对待历代帝王庙的问题上，乾隆皇帝也是一直在追随康熙皇帝的步伐，时刻表现出对圣祖康熙的崇敬之情。在乾隆四十九年七月的谕旨中，乾隆皇帝盛赞圣祖康熙划定帝王入祀标准的做法是"煌煌圣训，至大至公……历代以来升歆议礼，未有正大光明若此者也"！称康熙罢祀明神、熙二宗的做法是"褒贬予夺，毫厘不爽，实千古大公定论"。我们可以清楚地看到，乾隆对于康熙皇帝的崇拜之情溢于言表。与之相对的是乾隆皇帝对当时议礼大臣的斥责与愤慨。他认为康熙皇帝高深的见解不是书生们可以体会和理解的，言外之意就是只有乾隆皇帝自己才是最能契合圣祖康熙心境之人。

其三，从"正统论"的角度出发，增祀历代帝王。正统论是中国古代政治和史学中的重要论题，作为一位热衷于史学的帝王，乾隆皇帝对于王朝的正统观念有着自己独到的见解。在乾隆三十三年（1768）告成的《御批历代通鉴辑》一书中就包含了大量对历史中易代之际正统问题的裁断。

乾隆四十六年（1781）十月，就四库馆臣存录元人杨维桢《正统辩》一事，乾隆皇帝首先肯定了作者"以元继宋不继辽"的观点，否定了馆臣主张删除的建议，其后乾隆皇帝对中国一脉相承、绵延不断的正统统绪进行了梳理与思考，他说：自三代、秦、汉、三国、东晋之后，宋、齐、梁、陈虽偏安江左，拓跋魏氏、北齐、北周虽然地大势强，"而中华正统，不得不属之宋、齐、梁、陈者"。隋平陈后，恢复了大一统的局面。唐朝末期，藩镇扰乱，自朱温以讫郭威等，五十余年之间更易数姓，甚至称臣称侄于契丹，然而在宋之前，中华的统绪"亦不得不以正统属之梁、唐、晋、汉、周也"。宋朝南渡后，辽、金、元相继起于北方，奄有河北，宋虽称侄于金，但其所继承的毕竟是北宋正统，"辽、金不得攘而有之"。元世祖平宋后，中华正统归于元朝㉜。

乾隆四十九年七月初二日的谕旨中，乾隆皇帝提到当年讨论《正统辩》之事，还以"正统在宋不在辽金"为论，提出了"若谓南北朝偏安，不入正统，则辽金得国亦未奄中原，何以一登一黜"的疑问。而且从最终确定增祀的朝代来看，东晋，北魏，南朝之宋、齐、陈，五代之后唐、后周，也均是乾隆眼中正统的承继者，是完全符合乾隆皇帝对于正统的理解与判断的。因此，历代帝王庙的这次增祀也可以看作是乾隆皇帝对自己正统理论的一次具体实践。

要之，历代帝王庙从最初崇祀16位"大一统开国"的有德之君，发展到最后代表"中华统绪，不绝如线"的188位帝王，体现的是明清两代帝王各自不同的历史观与价值取向。乾隆皇帝以超越前代的视野和胸襟，以延续中华历史的担当完成了此次增祀，使庙内的帝王祭祀体系更具连续性、包容性和完整性，也为历代帝王庙的入祀帝王画上了一个较为圆满的句号。增祀后的历代帝王庙展现出的是中华统绪一脉相承的历史特点，是历代英主敬天爱民的历史功绩，更是各民族共存共创、共同推动大一统国家的历史进程。笔者希望能有更多的专家关注历代帝王庙，与我们共同深入挖掘历代帝王庙的文化内涵和时代价值，使这处珍贵的文化遗产可以得到更有效的保护和更充分的利用。

---

① 《抄本明实录》第一册，卷九二《明太祖实录》，线装书局，2005年，第430页。

② 《抄本明实录》第二册，卷一九六《明太祖实录》，线装书局，2005年，第203页。

③ 《抄本明实录》第十四册，卷一四一《明世宗实录》，线装书局，2005年，第565、566页。

④ 《抄本明实录》第十五册，卷二九六《明世宗实录》，线装书局，2005年，第548页。

⑤ 《清实录》第三册，卷五《世祖章皇帝实录》，中华书局，2008年，第1557页。

⑥ 《清实录》第三册，卷一五《世祖章皇帝实录》，中华书局，2008年，第1622页。

⑦ 《清实录》第六册，卷二九二《圣祖仁皇帝实录》，中华书局，2008年，第5782页。

⑧ 《清实录》第六册，卷二九七《圣祖仁皇帝实录》，中华书局，2008年，第5822页。

⑨ 《清实录》第七册，卷二《世宗宪皇帝实录》，中华书局，2008年，第5908、5909页。

⑩ 《乾隆朝钦定大清会典则例》卷八十二，中国第一历史档案馆清代档案文献数据库。

⑪ 《清实录》第二十四册，卷一二一〇《高宗纯皇帝实录》，中华书局，2008年，第24730—24732页。

⑫ 中国第一历史档案馆：《乾隆朝上谕档》第十二册，档案出版社，1991年，第203页。

⑬ 档案名称：呈酌拟增入庙祀帝王清单，档案时间：乾隆四十九年，中国第一历史档案馆藏，档案号：03-0302-051。

⑭ 《清实录》第二十四册，卷一二一一《高宗纯皇帝实录》，中华书局，2008年，第24755—24757页。

⑮ 中国第一历史档案馆：《乾隆朝上谕档》第十二册，档案出版社，1991年，第232页。

⑯ 中国第一历史档案馆：《乾隆朝上谕档》第十二册，档案出版社，1991年，第245页。

⑰⑲ 档案名称：为知照帝王庙新增二帝牌位添造祭器事致内务府等，档案时间：乾隆四十九年八月，中国第一历史档案馆藏，档案号：05-13-002-000052-0127。

⑱ 中国第一历史档案馆：《乾隆朝上谕档》第十二册，档案出版社，1991年，第254页。

⑳ 档案名称：为支领成造各帝王庙神牌应用楠木一案抄单事致内务府等，档案时间：乾隆四十九年九月，中国第一历史档案馆藏，档案号：05-13-002-000053-0002。

㉑ 《大清五朝会典》第十三册，卷四十七《工部三》，线装书局，2006年，第567页。

㉒ 《清实录》第二十四册，卷一二二五《高宗纯皇帝实录》，中华书局，2008年，第24935页。

㉓ 中国第一历史档案馆：《乾隆朝上谕档》第十二册，档案出版社，1991年，第492页。

㉔ 中国第一历史档案馆：《乾隆朝上谕档》第十二册，档案出版社，1991年，第500页。

㉕ 档案名称：为增祀历代帝王寝位排列错误之礼部尚书德保等奉旨处分抄录原题事致内务府等，档案时间：乾隆五十年四月，中国第一历史档案馆藏，档案号：05-13-002-000467-0047。

㉖ 中国第一历史档案馆：《乾隆朝上谕档》第十二册，档案出版社，1991年，第526页。

㉗ 《清高宗谕旨诗文全集》第一册，卷四《乐善堂全集定本》，中国台北"故宫博物院"，1976年，第84页。

㉘ 《清高宗谕旨诗文全集》第一册，卷五《乐善堂全集定本》，中国台北"故宫博物院"，1976年，第87页。

㉙ 《清高宗谕旨诗文全集》第一册，卷六《乐善堂全集定本》，中国台北"故宫博物院"，1976年，第94页。

㉚ 《清实录》第二十册，卷九四一《高宗纯皇帝实录》，中华书局，2008年，第20917页。

㉛ 《清实录》第十九册，卷八九二《高宗纯皇帝

实录》，中华书局，2008年，第20034页。

㉜《清实录》第二十三册，卷一一四二《高宗纯皇帝实录》，中华书局，2008年，第23834—23835页。

(作者单位：北京历代帝王庙管理处)

(上接第24页)

㉓ 朱批奏折：嘉庆四年十月十三日，直隶总督胡季堂"奏连日查缉行劫长辛店铺户盗匪拿获伙盗张二事"，中国第一历史档案馆藏，档号：04-01-08-0077-035。

㉔《清高宗实录》卷一三二一，乾隆五十四年正月己卯，中华书局，1986年，第866页。

㉕ 朱批奏折：咸丰二年正月二十三日，刑部尚书恒春、刑部尚书周祖培等"奏为现审长辛店囤积烧酒人犯田大等呈控关海巡等违例需索请遵回避例派大臣审讯事"，中国第一历史档案馆藏，档号：04-01-08-0179-003。

(作者单位：北京市社会科学院历史所)

寻找杨竹西

——兼论历史书写问题

丁 霏

一、问题的提出：关于杨竹西的后世形象

作为《杨竹西小像》（图一）和《竹西草堂图》（图二）的主人公，杨竹西在中国美术史上颇为知名。梳理著录，杨竹西这个名字与三张画产生关联，首先，王绎、倪瓒合作为其写像，郑元祐诸人题咏；其次，张渥为其草堂作图，杨维桢图后作《竹西志》，张雨诸人题咏；再次，赵雍为其不碍云山楼作图，杨维桢又作《不碍云山楼记》，马琬诸人题咏①。

三图以外，其他史料几乎无法提供关于杨竹西的更多信息。我们对他知之甚少，他的生卒年、生平、交友都记载甚略，甚至由于高士奇题跋将杨竹西错认为杨瑀（图三），导致在很长一段时间里，人们连"杨竹西是谁"的认知都出现偏差。好在以下几条材料为我们勾勒出了他的大致面貌：

> 杨谦，字竹西，华亭人，读书尚志，不乐仕进，多高人胜士之交。尝筑小楼，登眺海中大小金山，题曰：不碍云山楼。贝琼俱为歌咏。②

> 不碍云山楼：在金山县张溪，元杨谦隐居处。③

> 杨谦，号平山，别号竹西居士，松江人。④

杨竹西即杨谦，既然"读书尚志，不乐仕进"，看来他是个读书人，而且不愿做官，同时家里还筑有不碍云山楼作为自己隐居之所。清人万斯同在编纂《宋季忠义录》时，专为杨谦作传⑤，将其列为南宋亡后归隐不仕的忠义之士。看来，杨谦作为隐士的身份、隐居的气节一直是后世关注的重点。当然，这种关注具有普遍性，会广泛地投射到隐居不仕的文人身上，而本文想要"寻找"的杨竹西，并非

图一 元王绎、倪瓒合作《杨竹西小像》（纸本墨笔，27.7厘米×86.8厘米，北京故宫博物院藏）

图二 元张渥《竹西草堂图》局部
（纸本墨笔，27厘米×81厘米，辽宁省博物馆藏）

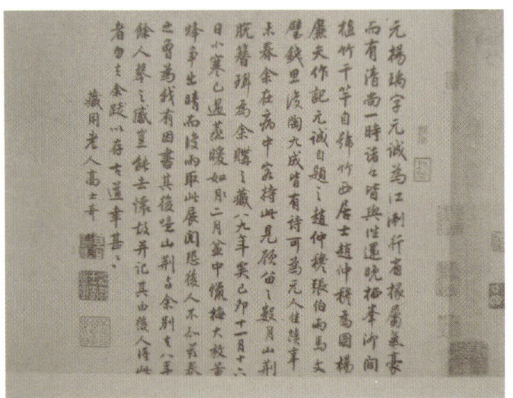

图三 元张渥《竹西草堂图》高士奇题跋

后世关注的杨谦，而是在元代生活的杨谦。他在改朝换代的大背景下，所作的选择带有怎样的动机？同样不仕元朝的文人如何看待他的行为？出仕元朝的文人又当如何？他的隐居行为是否带有时代的印记？寻找的工作从现存两幅作品开始。

二、友人眼中的杨竹西

《杨竹西小像》和《竹西草堂图》的拖尾上都有杨谦友人的题跋，可以说从各个角度展现出杨谦的形象。郑元祐、杨维桢、苏大年、马琬、高淳、茅毅等人在《杨竹西小像》上题跋，《竹西草堂图》卷后有赵雍、杨维桢、张雨、马琬、赵㮚、陶宗仪、高士奇等人题跋。毫无疑问，这些题跋是我们了解杨谦的第一手材料。阅读古文，我们常常可以发现古人对朋友的赞美，并不会直接说一些溢美之词，而是会迂回地通过历史上的名人高士来达到赞誉的效果，杨谦的友人也不例外。

1. 葛天民与扬雄

郑元祐是第一个在《杨竹西小像》上题跋的人（图四），时间是至正二十二年（1362），他见到的手卷上应该只有王绎所画小像，倪瓒于一年之后才把松石补上。虽然未见衬托高士形象的松石，但凭借自己对杨谦的了解，他作了如下描述：

乃自号竹西子，欲追踪乎葛天民。人谓其草玄之迂斋，而不滞于其出处进退。此所以不戚戚于贱贫，不汲汲于富贵。

在这里，他道出了杨谦向往的两种生活，其一为"葛天民"式，其二为"草玄"式。所谓"葛天民"，即"葛天氏之民"⑥，《吕氏春秋·古乐》中有"昔葛天氏之乐"的论述，高诱注："葛天氏，古帝名"，在《路史·前纪七》中也提到："葛天氏……其为治也，不言而自信，不化而自行，荡荡乎无能名之。"因此，葛天氏时期应该就是理想自然的纯朴之世。在如此环境中回归人最本真的生活历来就为隐士崇尚，因此郑元祐认为杨谦取号竹西，正是追寻这种世外桃源的生

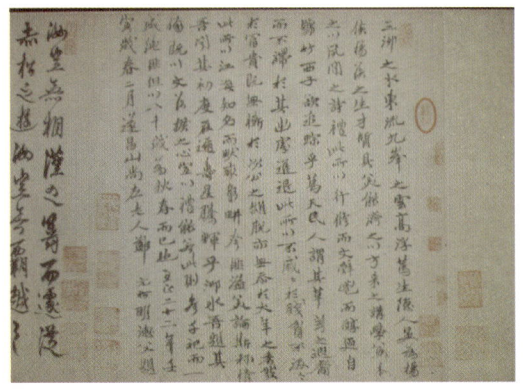

图四 元王绎、倪瓒合作《杨竹西小像》郑元祐题跋

活。

同时，杨谦在郑元祐的眼中还是"草玄之遐裔"，那么我们有必要简单了解一下其他友人的评价。在《竹西草堂图》的题跋中，方外张雨作诗一首：

问讯杨雄宅，深居在竹西。风林宜月影，春日听莺啼。东老应同乐，南邻忆旧题。东风又花草，相与及幽栖。

钱惟善题：

为竹移家亦苦辛，我如东道竹如宾。石头路滑机锋峻，岘首碑沈感慨新。淡月半窗金弄影，清风一径玉传神。明当挂杖敲门去，爱汝草玄亭上人。

赵桼赋长句：

平山家住张溪侧，仿佛当时草玄宅。

显然，他们四位都特意将杨谦与"草玄"或"杨雄"进行关联。扬雄，姓一作杨，字子云，西汉蜀郡成都人。少好学，为人口吃，博览群书，长于辞赋。年四十余，始游京师，以文见召，奏《甘泉》《河东》《羽猎》《长杨》等赋。成帝时任给事黄门郎。后仕于王莽，为大夫。校书天禄阁。著有《太玄》《法言》《方言》《训纂篇》。《汉书·扬雄传下》记载：

哀帝时丁、傅、董贤用事，诸附离之者或起家至二千石。时雄方草太玄，有以自守，泊如也。⑦

因此，后人就将扬雄晚年"草《太玄》"的成都故宅称为"草玄宅""草玄台"⑧及"草玄亭"，连刘禹锡的《陋室铭》都将"西蜀子云亭"与"南阳诸葛庐"并论。历代文人都给予了扬雄很高的评价，看来他的经历必定有特别之处。

初，雄年四十余，自蜀来至游京师，大司马车骑将军王音奇其文雅，召以为门下史，荐雄待诏。岁余，奏羽猎赋，除为郎，给事黄门，与王莽、刘歆并。哀帝之初，又与董贤同官。当成、哀、平间，莽、贤皆为三公，权倾人主，所荐莫不拔擢，而雄三世不徙官。及莽篡位，谈说之士用符命称功德获封爵者甚众，雄复不侯，以耆老久次转为大夫，恬于势利乃如是。实好古而乐道，其意欲求文章成名于后世……用心于内，不求于外，于时人皆曶之；为刘歆及范逡敬甚，而桓谭以为绝伦。⑨

由此可见，扬雄虽身居官位，却很少表现出对政治的热情，相反他更愿意选择一种以文章留于后世的生活。更重要的是，他活成了后世文人理想中的样子：

雄少而好学，不为章句，训诂通而已，博览无所不见。为人简易佚荡，口吃不能剧谈，默而好深湛之思。清静亡为，少耆欲，不汲汲于富贵，不戚戚于贱贫。不修廉隅以徼名当世，家产不过十金，乏无儋石之储，晏如也。自有大度，非圣哲之书不好也，非其意，虽富贵不事也。⑩

这个文人形象我们似曾相识——另一位隐士陶渊明亦是如此：

五柳先生传：先生不知何许人也，亦不详其姓字，宅边有五柳树，因以为号焉。闲静少言，不慕荣利。好读书，不求甚解。每有会意，便欣然忘食。性嗜酒，家贫不能常得。亲旧知其如此，或置酒而招之，造饮辄尽，期在必醉。既醉而退，曾不吝情去留。环堵萧然，不蔽风日；短褐穿结，箪瓢屡空，晏如也。尝著文章自娱，颇示己志。忘怀得失，以此自终。赞曰：黔娄有言："不戚戚于贱贫，不汲汲于富贵。"味其言兹若人之俦乎？衔觞赋诗，以乐其志。无怀氏之民欤？葛天氏之民欤？⑪

颇为相近的描写和形容，暗示着扬雄、陶潜和杨谦的共通性。简单概括这类文人的形象，常常具备以下要素：首先是博学、好读书；其次是不善言辞；再次是穷，或者说不慕荣华，而安然自得。他们不为贫贱而忧愁，不热衷于发财做官。人们不知道他们是无怀氏时代的人呢，还是葛天氏时代的人呢？《五柳先生传》里的这一问，恰好对应郑元祐对杨谦"葛天民"的论断。

正因如此，郑元祐、张雨、钱惟善、

赵㯎都将杨谦比作扬雄的后裔或者直接以扬雄称之，以此赞誉他的文人气节，而杨谦本人或许也是以此为行为准则。以扬雄来反观杨谦，我们可以很清楚地勾勒出一个轮廓：杨谦，读书不仕，对政治少有热情，在山林间著书立说，昂然而有气节。

2. 嵇康与马少游

杨维桢成为杨谦的朋友是从至正九年（1349）开始的，《不碍云山楼记》详述了他们的认识过程：

至正九年春，余抵淞之张溪，溪之东有大族为杨竹西氏。居之南偏，其楼曰：不碍云山。竹西燕于楼之上。⑫

这次聚会之后，杨维桢与杨谦有两次交往，都是为杨谦题跋，一次是《竹西草堂图》卷后书《竹西志》，另一次则是《杨竹西小像》卷后书第二段跋（图五），时间应与郑元祐同时或晚于郑元祐，即至正二十二年之后，与初识相距至少13年。与杨谦有关的三卷画都经杨维桢题跋，而且两卷是长题，其中《不碍云山楼记》还收入他自己的《东维子集》，可见两人颇有交情，因此杨维桢眼中的杨谦形象对于我们了解这个人物尤为重要。杨维桢高度评价了杨谦的才能，认为其有智有谋，却乐于隐逸：

汝岂无相汉之等，而遽从赤松之游。汝岂无霸越之筴，而自理鸱夷之舟。仙踪寄乎葛杖，劲气吞乎吴钩。集车辙于户外，登歌吹于西楼。

这便是隐士的生活，悠游林泉下，不与凡人同。但是杨维桢并没有将杨谦归于一般的隐士，而是为我们寻找杨谦提供了另一角度：

不识者以为傲世之叔夜，识者以为在乡之少游。

"叔夜"指嵇康，"少游"指马少游。实际上杨维桢是将两种隐士做了一个比较，将杨谦明确界定在马少游的身上。"嵇康，字叔夜……与魏宗室婚，拜中散大夫。"⑬而马少游在历史上的记载则出于汉代伏波将军马援的一段话。《后汉书·马援传》中记载马援曾对官属说：

吾从弟少游常哀吾慷慨多大志，曰："士生一世，但取衣食裁足，乘下泽车，御款段马，为郡掾史，守坟墓，乡里称善人，斯可矣。致求盈余，但自苦耳。"当吾在浪泊、西里间，虏未灭之时，下潦上雾，毒气重蒸，仰视飞鸢跕跕堕水中，卧念少游平生时语，何可得也！⑭

最终，马援病卒于武陵五溪蛮夷之地，不知临终前是否如黄庭坚诗中所言"心以功名老，翻思马少游"。如此一位知足常乐、淡于功名的马少游与竹林七贤的嵇康完全不同，正如高居翰所言，"竹林七贤选择了从社会中隐退，但在这之前，他们已经都是社会上众所皆知的文人与学者"⑮，而马少游不是，杨竹西也不是。竹林七贤是狂傲不羁的，他们面对这个世界是以极度地张扬个性为前提，他们与马少游是两种不同的人生选择，一个是为逃避而隐，一个是本性使然；一个是退隐之前就名声在外，一个是甘于无名于当世，而留名后世。

对于杨谦这样一个高人逸士，其人品必然是人们称赞的焦点。杨维桢在《不碍云山楼记》中写道：

云山之奇观不得于近，而得于远，远非至高至明之境无以得之；有其境矣，而非至高至明之人，则亦无以得之也。竹西脱去仕累，归讨幽事，稍为园池亭榭以自娱，以及其客之好事者，境为高人之副，地胜云山之观。⑯

贝琼《不碍云山楼赋》中也提到：

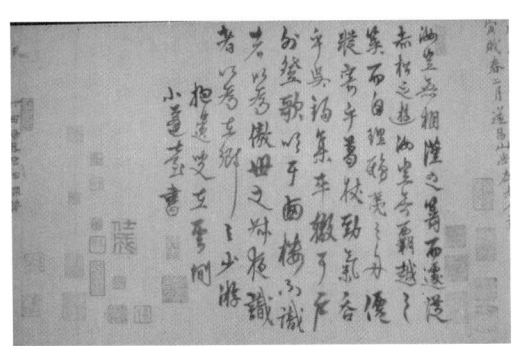

图五 元王绎、倪瓒合作《杨竹西小像》杨维桢题跋

夫有云山之境者，恒不得其人，有云山之趣者，恒不得其地，而兹楼独领其要，朝岚夕翠，不起宴坐而尽得之。⑰

可以说在他们眼中，杨谦是兼得云山之胜与人品之高，可谓"境以人高，人以境胜"。相对于这些隐士，苏大年、马琬、钱鼐这些入仕之人对杨谦的评价就显得多了几分崇敬，认为他的志向与众人不同，似乎是杨谦做了他们想做而没有做的事情，就像马琬所说的："其所同者，不异众人之规模；其所异者，不同众志之趋向。抱豪杰之才，而不屑于济用；具轮囷之胆，而不轻于肆放。"而苏大年就更加直接地将杨谦认定是"天地之全人"，可见他对这种隐逸行为的肯定及内心的神往。

三、关于历史书写问题

杨谦的友人将其比作扬雄或马少游，以表达他们对其隐居行为的看法和态度。而我们借助对扬雄和马少游的了解，便可以概括出杨谦这一人物的大致面貌。如前所述，他隐居林泉是本性使然，是他一生追求的目标，正如赵橚所谓"平生不侔千户侯，直欲远继王子猷"。这样的选择在苏大年看来"前不郎于汉廷，后不簿于魏府，悠然泉石之间，乐与渔樵为伍"，说的就是杨谦既不供职于前一个朝廷，也不做后一个朝廷的官，既不做宋遗民，也不做元朝官，他所要做的仅仅是远离官场而已。但是后世并非如此看待杨谦的选择，往往将他与民族大义联系在一起。

实际上，按照杨谦至正二十三年（1363）尚在世推断，他应生于元代，因此他不属于遗民画家，对元朝并无深仇大恨，而且当时南方也有很多文人儒生出仕新朝，但是他仍然选择了不仕朝廷而隐居的道路。他的成长环境和所选择的生活道路之间显然存在着一定的差距，因此后世往往将如此异于众志之选择贴上政治的标签，认为他有民族气节。诚然，《竹西草堂图》的题跋中，赵橚写道"棱棱老节霜雪余，洒洒数竿烟雨足。高标劲节君子贞，孤坚雅韵幽人独"；陶宗仪有诗云："一室萧闲淇澳似，此君贞节岁寒同。"这些都是在说杨谦的气节从来不变，但如果把此气节理解为民族气节似乎并不十分妥当。中国传统文化中所谓的气节，除了民族气节外，还有一种叫作文人气节，也就是知识分子的清高，这种气节与是否为统治者服务没有关系，与统治者是否为汉人也没有关系。扬雄为官数载，却文人气十足，杨谦读书不仕，也被认为是"草玄之遗裔"，他们所共有的很重要的一点就是具有文人气节。虽然后世将杨谦写入《宋季忠义录》，要让忠义彪炳千秋，但无论是从他的交友还是性格而言，他都并非刻意要做出忠义之事。如果说他真的是如前朝遗民那样不肯与统治者合作，那他必然会厌恶入仕元朝之人，但是实际上他的很多朋友都曾在元朝为官，比如杨维桢、钱惟善。而他自己也被茅毅评价为"进不荣于轩冕，退不厌于草木"之人，被马琬评价为"当天下无事托诗酒以娱嬉，方海内争雄远侯王以高尚"。

这种认知差异在历史书写中比比皆是。方闻先生已经注意到倪瓒身上的传奇性，倪瓒始终认为自己是元朝的顺民，在作品中一直签署"至正"年款，却在明代后期逐渐变成了有民族气节的抗元英雄，甚至到了明代末年，有些文人还把倪瓒抬举为明王朝开国君主的道德助手⑱。同样，杨谦从自己本性出发，隐居林泉，也被清人说成是宋之忠义。历史的书写实在是"有趣"，有时不是为了更好地认识历史，而是为了更好地将历史"为我所用"。对于后人而言，所见的历史往往带有前人主观选择的痕迹，因此重新认识历史就显得格外重要。当然，我们对历史的解读必然依靠历史书写，这些书写构成了后世对历史事件、人物、作品的基本认知和态度。以后世对扬雄和马少游的基本看法推断时人眼中的杨谦，是我们寻找元代杨谦的认知途径，具有一定可信性和可行性。但需要清醒认识的是，后世对扬雄和马少游的看法必然也是一种历史书写，与杨谦的形象一样需要我们不断追寻。

---

① 赵雍《不碍云山楼图》虽不存，但清代孙承泽看过。见（清）孙承泽：《庚子销夏记》卷八，文渊阁四库全书本。

②③（清）赵宏恩等监修：《江南通志》卷一百六十八，文渊阁四库全书本。

④（清）《御选元诗》"姓名爵里二"，文渊阁四库全书本。

⑤（清）万斯同：《宋季忠义录》卷十五，《四明丛书》影印本第7册，广陵书社，2006年，第3918页。

⑥ 李清照在《金石录后序》中称赵明诚为"葛天氏之民"："赵、李族寒，素贫俭。每朔望谒告出，质衣取半千钱，步入相国寺，市碑文、果实归，相对展玩咀嚼，自谓葛天氏之民也。"见赵明诚：《金石录校证》，上海书画出版社，1985年，第560页。

⑦《汉书》卷八十七下，中华书局，1962年，第3565页。

⑧（唐）岑参《扬雄草玄台》："吾悲子云居，寂寞人已去。娟娟西江月，犹照草玄处。精怪喜无人，睢盱藏老树。"

⑨《汉书》卷八十七下，中华书局，1962年，第3583页。

⑩《汉书》卷八十七上，中华书局，1962年，第3514页。

⑪（清）高其倬、谢旻等修：《江西通志》卷一百四十二，文渊阁四库全书本。

⑫⑯（元）杨维桢：《东维子集》卷十九，文渊阁四库全书本。

⑬《晋书》，中华书局，1974年，第1369页。

⑭《后汉书》，中华书局，1973年，第838页。

⑮（美）高居翰：《气势撼人：17世纪中国绘画中的自然与风格》，上海书画出版社，2003年，第72页。

⑰（明）贝琼：《清江诗集》卷一，文渊阁四库全书本。

⑱ 方闻：《心印：中国书画风格与结构分析研究》，陕西人民美术出版社，2006年，第140页。

（作者单位：北京市文物进出境鉴定所）

首都博物馆藏明代铜牌及相关问题

于力凡

首都博物馆自20世纪50年代以来，通过价购、移交、采集等方式共收藏8面明代铜牌，为研究明代的符牌制度提供了实物资料。这些铜牌深藏于库房，鲜有机会出展，笔者认为应该予以重视，遂采集了尺寸、重量和铭文等重要信息，着力从形制特征、功能用途、管理制度三方面进行阐述，结合文献典籍及已有的研究成果做进一步的探讨，敬请方家批评指正。兹先将馆藏铜牌的基本情况列表如下（表一）。

一、形制特征

（一）随驾养豹官军勇士豹纹铜牌

圆形，上部为荷叶形牌首及穿系丝带的圆孔，正面中间铸一豹蹲坐于小坡之上，豹身饰环状斑纹，豹纹饰上方自右至左铸阳文楷书6字"辰字叁佰拾号"；背面铸阳文楷书6行27字，连读为"随驾养豹官军勇士悬带此牌，无牌者依律论罪，借者及借与者罪同"（图一、图二）。此外，20

图一 随驾养豹官军勇士豹纹铜牌（正面）

图二 随驾养豹官军勇士豹纹铜牌（背面）

表一 馆藏明代铜牌一览表

编号	名称	尺寸（厘米）	重量（克）	来源
1	随驾养豹官军勇士豹纹铜牌	高9.5，宽6.7，厚0.5	151.6	北京市东城区金鱼胡同对外贸易部工地出土
2	御马监铜驾牌	高9.6，宽6.9，厚0.8		废品回收中价购
3	官军守卫铜牌	高14.7，宽6.6，厚0.7	473.1	移交
4	北平行都指挥使司夜巡铜牌	高14.7，宽11.5		价购
5	北平行都指挥使司夜巡铜牌	高15.1，宽12，厚0.5	437.8	移交
6	北平行都指挥使司夜巡铜牌	高15，宽11.8，厚0.5	444.3	移交
7	双鱼纹厨子铜牌	高12.1，宽9.4，厚0.5	422.1	移交
8	双鱼纹厨子铜牌	高12.1，宽9.5，厚0.5	402	废品回收中价购

世纪80年代山东省枣庄市齐村区税郭公社宋庄附近出土一面,编号为"豹字叁佰肆拾壹号"[①]。中国国家博物馆藏有一面,高9.8厘米,厚0.7厘米,编号为"豹字玖佰伍拾伍号"。罗振玉编著的《历代符牌图录》中收录四面,编号分别为"豹字陆佰贰拾伍号""豹字壹千壹百肆号""豹字捌佰肆拾柒号""豹字壹佰贰拾伍号"。《十驾斋养新录》中提到一面,编号为"豹字陆佰拾号"[②]。除馆藏这面编号为"辰"字号,其余皆为"豹"字号。

(二) 御马监铜驾牌

圆形,上部为荷叶形牌首及圆孔,正面中间自上至下铸阳文篆书"驾牌"两字,其左侧自上至下铸阳文楷书4字"出京不用";其右侧自上至下铸阳文楷书8字"帝字伍千肆佰伍号"。背面铸阳文楷书5行27字,连读为"御马监随驾官勇士悬带此牌,无牌者依律论罪,借者及借与者罪同"(图三、图四)。此外,《历代符牌图录》中收录两面,编号分别为"结字壹千伍佰柒拾捌号""余字陆佰拾伍号";另著录一面"明马牌",形制与上述铜牌相同,正面中间为卧马图案,左侧楷书"出京不用",右侧楷书"勇字壹千伍百陆拾号"。背面楷书5行28字,"御马监头司随驾勇士悬带此牌,无牌者依律论罪,借者及借与者罪同"。

(三) 官军守卫铜牌

长方形,上边缘成圆弧,上部四分之一处有界行,行内正反两面均为狮云纹,狮为坐姿,有一圆孔,正面中间铸阳文篆书"守卫"两字,其左侧刻有"勇字贰千叁百贰拾号";背面铸阳文楷书3行24字"凡守卫官军悬带此牌,无牌者依律论罪,借者及借与者罪同"(图五、图六)。国家博物馆藏一面,高14.5厘米,宽6.6厘米,是1958年史树青先生捐赠。

(四) 北平行都指挥使司夜巡铜牌

三面,形制相同。圆形,上部为如意云纹牌首及圆孔,边缘饰一圈卷草纹,正面铸阳文楷书"令"字;背面正中铸阳文篆书两行12字,连读为"北平行都指挥使司夜巡铜牌",两边有阳文楷书各一

图三 御马监铜驾牌(正面)

图五 官军守卫铜牌(正面)

图四 御马监铜驾牌(背面)

图六 官军守卫铜牌(背面)

行,每行4字,共8字,连读为"肃字贰佰玖拾玖号"(图七、图八)。另两面编号均为"肃字肆佰陆拾肆号"(图九、图一〇)。此外,国家博物馆藏一面永昌卫指挥使司夜巡牌,高14.3厘米,编号为"肃字捌佰肆拾伍号",1955年黄静涵先生捐赠。云南省博物馆藏一面云南都指挥使司夜巡牌,高14.2厘米,宽12厘米,编号为"问字叁号",20世纪50年代云南省博物馆历史组征集;两面六凉卫指挥使司夜巡牌,一面高14厘米,宽11厘米,另一面高14.4厘米,宽11.3厘米,编号分别为"肃字柒佰叁拾玖号""肃字柒佰肆拾叁号",分别为20世纪50年代云南省博物馆征集和1953年云南省前省文化馆移交[3]。安庆市博物馆藏一面安庆卫指挥使司夜巡牌,编号为"肃字伍佰叁号"[4]。《历代符牌图录》中收录一面荆州卫指挥使司夜巡铜牌,编号为"肃字贰千柒佰贰拾柒号";一面灵山指挥使司夜巡牌,编号为"肃字贰千陆佰壹拾肆号";两面永昌卫

图九 北平行都指挥使司夜巡铜牌
("肃字肆佰陆拾肆号",正面)

图一〇 北平行都指挥使司夜巡铜牌
("肃字肆佰陆拾肆号",背面)

指挥使司夜巡牌,编号分别为"肃字捌佰伍拾号""肃字捌佰肆拾肆号"。其形制与上述夜巡牌完全一致。《历代符牌图录》中还有两面夜巡铜牌——东平守卫夜巡铜牌和德安守卫夜巡铜牌,形制相同,但与上述指挥使司夜巡牌形制略有不同。

(五)双鱼纹厨子铜牌

两面,形制相同。圆形,上部为牌首及圆孔,正面铸有首尾追逐的两条鱼,一条鱼凸起如浮雕,一条鱼凹下如糕模,背面铸阳文楷书4行共18字,连读为"凡遇直宿者悬带此牌,出皇城四门不用,厨子"(图一一至图一四)。《明代铜牌散记》介绍一面双鱼厨子牌,边侧刻"善字壹仟伍佰叁拾肆号",并且此类厨子牌编号还有"善字拾号""善字拾肆号""善字贰佰伍拾肆号""善字贰佰陆拾玖号"[5]。此外,江苏省仪征市博物馆收藏一面,1973年曹山明墓出土。云南省博物馆收藏一对此牌,高11.8厘米,宽9.2

图七 北平行都指挥使司夜巡铜牌
("肃字贰佰玖拾玖号",正面)

图八 北平行都指挥使司夜巡铜牌
("肃字贰佰玖拾玖号",背面)

文物研究

图一一 双鱼纹厨子铜牌（甲，正面）

图一三 双鱼纹厨子铜牌（乙，正面）

图一二 双鱼纹厨子铜牌（甲，背面）

图一四 双鱼纹厨子铜牌（乙，背面）

厘米，20世纪50年代云南王耕农捐献⑥。

馆藏八面铜牌依照形式特征可以分为上述五类。通过观察对比分析，可以总结归纳出以下五点：第一，形制均带牌首，首有一穿系丝带的圆孔。第二，每类铜牌的大小规格尺寸基本相同。第三，牌面内容包括牌名、规定、编号、图案等。第四，编号包含两部分内容，命名和编次。命名是指什么字，编次是指什么号。数字均为大写。第五，牌名字体为阳文篆书，如"守卫""驾牌"，其余文字为阳文楷书。

二、功能用途

（一）随驾铜牌

《十驾斋养新录》《骨董琐记》中都提到随驾豹牌，认为此种豹牌为正德年间明武宗创立豹房的守卫军士所佩戴。笔者曾对此撰文做过考证，认为此类铜牌应为随驾狩猎的官军勇士所佩戴⑦。关于宫廷养豹的历史最早可以到西汉时期。从唐代开始，携豹狩猎的习俗传入中国，为宫廷贵族所喜好。唐代以后，豹猎风俗偶尔可以见于辽代宫廷。元代皇室贵族更盛行驯豹，以豹狩猎。明代宫廷有无豹猎活动，目前学术界尚无定论。美国学者贺凯（Charles O. Hucker）在《明代名人传》"朱瞻基"条中查到明宣宗从朝鲜征索海青及犬、豹，间接推论出是用于狩猎活动。美国学者盖杰明先生（James Geiss）从前朝特别是蒙元习俗，推断明代宫廷继承了养豹和豹猎的传统，但并没有深入研究。其实在宣德之前的永乐时期，就有进行豹猎活动的记载。永乐七年（1409）三月，明成祖在从南京北上北京途中举行的围猎中就使用了豹猎。翰林学士胡广在《德州随驾观猎》中记录下了此场景："苍鹰低拂草头飞，狐兔翻来马前走。紫髯胡儿饲玄豹，攫挐捷疾好牙爪。锦绁驮得不动尘，过眼应空东郭狻。"⑧按，张说《苏摩遮》第一首"摩遮本出海西胡，琉璃宝服紫髯须"，说明紫髯是西域胡人的特征。"胡儿"用来泛指当时西域各民族。"紫髯胡儿"指西域驯豹师。"攫拏捷疾好牙爪"形容豹捕猎速度之快。"锦裀"指垫褥,"驮得不动尘"点出了豹猎的特征。当逼近猎物时,豹师放出趴伏在马背上的玄豹,玄豹飞速跃出捕杀猎物后又跳回坐垫之上。陕西金乡县出土一唐彩绘骑马带豹狩猎陶俑,胡人猎手身后圆形垫上趴伏一豹,与诗词中的描写十分贴切[9]。

铜牌上豹的形象比较抽象,因此品种不好判断。马顺平先生认为豹牌上豹的形象是融合了土豹(猞猁)尖长耳和猎豹、金钱豹长尾特征[10]。猞猁外形与豹区别较为明显,耳尖生有耸立簇毛是其显著特征,仔细观察豹牌却未见到这一特征。明宫廷中土豹(猞猁)饲养数量最多,但并不稀有,因此铜牌上的形象还应是豹。

至于养豹的官军勇士,据《明孝宗实录》记载:"上曰,内外役使军伴名数照旧例行不许过多。内府军匠、京仓军斗及养豹者锦衣腾骧等卫军士不必查点。"[11]其中提到的"养豹者"应当就是豹牌牌面铸文所指的"养豹官军勇士"。《明宫史》载:"唐朝帽……凡冬月随驾出猎戴之而不寒。"[12]上述材料也可以佐证此种豹牌不是武宗豹房公廨的守卫军士所佩戴,而是随驾豹猎的军勇所佩戴。

同样,御马监铜驾牌是由御马监统领的官勇士随驾时佩戴使用。明代御马监设"掌印、监督、提督太监各一员。腾骧四卫营各设监官、掌司、典簿、写字、拿马等员。象房有掌司等员。"[13]洪武十七年(1384)四月,"更定宫官六尚局品秩,内官诸监库局及外承运等库局品职"。"御马监掌御厩马匹,设令一人正七品,丞一人从七品"[14]。洪武二十八年(1395)九月,御马监的职掌由"掌御厩马匹"扩充为"掌御马及诸进贡并典牧所关收马骡之事"[15]。此外,御马监还负责统领禁兵。《明武宗实录》载:"太监李荣传旨:御马监官勇士、旗军系禁兵重务,其令太监谷大用提督,太监杨春同都指挥夏明等坐勇士营,太监李堂同都指挥田忠等坐四卫军营。"[16]《大明会典》载:"万历二年议准,勇士、四卫二营,各裁坐营官二员。"[17]说明勇士营和四卫营同时并存,都由御马监提督。关于御马监的随驾,《明实录》中有两处记载:"随驾御马监领勇士都指挥佥事薛兴坐受赇,举罪人之子充勇士得授副千户。"[18]"御马监以勇士营随驾官勇士马匹不足,欲行太仆寺调取。"[19]御马监铜牌和文献记载正好互为印证。

(二)官军守卫铜牌

根据《明太祖实录》记载,洪武六年(1373)五月,命造扈驾先锋金字银牌一千五百面,但很快革去不用,改制守卫金牌,用铜铸造,外涂以金,高一尺,阔三寸,分为仁、义、礼、智、信五号。"二面俱有篆文,一曰'守卫',一曰'随驾守卫官员悬带此牌直宿不许借挂'。牌首仍为圆窍,贯以青丝绦。俱掌于尚宝司,凡公、侯、伯、都督、指挥、千百户、镇抚及将军随驾、应直宿卫者,许关给佩戴,下直则纳之"[20]。永乐二十二年(1424)十一月更造铜牌,"命工部:凡内府守卫军所悬木牌,更造以铜,其文,一面二十四字'凡守卫官军悬带此牌,无牌者依律论罪,借者及借与者罪同',一面'守卫'二字,其守卫官并悬本职牙牌。"[21]《大明会典》载:"面上铸仁、义、礼、智、信五字号,下铸'守卫'二篆字,背铸'凡守卫官军悬带此牌'等二十四字。"[22]永乐年间更造铜牌后,仍沿用仁、义、礼、智、信五字号,背面文字由16字改为24字。馆藏守卫铜牌上铸文的内容格式与《明实录》中永乐铜牌相同,但编号不同,尺寸与洪武铜牌也不同。《明史》载:"铜牌之号一,以稽守卒,曰勇。"[23]《大明会典·尚宝司》载:"凡皇城九门守卫军与围子手,各领勇字号铜牌,计二万五十五面。"[24]由此推断,守卫铜牌可能是供皇城九门守卫军与围子手所佩戴。

（三）北平行都指挥使司夜巡铜牌

北平行都指挥使司即大宁都司，建立于洪武二十年（1387），按《明太祖实录》，洪武二十年九月"置大宁都指挥使司及大宁中、左、右三卫，会州、木榆、新城等卫悉隶之。以周兴吴泗为都指挥使，调各卫兵二万一千七百八十余人守其城"[25]。都司治于大宁，为元代大宁路治所在，即现今内蒙古自治区宁城西大名城。洪武二十一年（1388）九月又"置北平行都指挥使司于大宁"[26]，当是第二年就改名为北平行都司。永乐元年（1403）三月北平行都指挥使司内迁至保定，并改"行都指挥使司为大宁都指挥使司"。《明史》将迁治时间也记作永乐元年。而顾祖禹《读史方舆纪要》"大宁都司"说："建文三年，燕王迁置于此。"[27]则是将迁治时间定在了建文三年（1401）。《寰宇通志》"保定府大宁都司"条下记为"（洪武）三十四年（即建文三年）始迁于此"[28]，则是与顾氏的推断相同。另据《明史稿》载："（建文）元年七月，燕王兵克大宁，招诸部及护卫官校戍卒皆从，遂空其地。"[29]就是说建文元年（1399）燕王攻克大宁后，率大宁官军南下，大宁为空城，可见此时北平行都司已内迁。至建文三年，以北平行都司军据守保定。因此，顾氏以建文三年徙治，似乎更加贴近实际情况。而到了永乐元年正式放弃大宁及三卫地。

《明史·职官志》载："后以北平都司为北平行都司。"[30]此句有误，实际北平都司与北平行都司是先后设立的两个都司。洪武元年（1368）八月，徐达所领军队攻克元大都，朱元璋诏徐达改大都路为北平府，并设置了燕山左卫、燕山右卫、大兴左卫、大兴右卫、永清左卫、永清右卫六卫，以守御北平。洪武三年（1370）十二月燕山都卫成立，"升杭州、江西、燕山、青州四卫为都卫指挥使司"[31]。洪武八年（1375）九月，全国都卫改都司，"燕山都卫为北平都指挥使司"[32]。洪武二十年后在北平都司北部设立了北平行都司。

据《明史·兵志》记载，洪武初年设置兵马司，"讥察奸伪，夜发巡牌，旗士领之，核城门扃钥及夜行者"[33]。又据《明太祖实录》载："辛丑，命卫所镇抚发夜巡铜牌，初，铜牌掌于中府，每夜令军旗持牌分行巡城及点视城门锁钥，与守御知更官军。至是，每夜命镇抚一员发牌分锁，二员领军旗巡警，仍置大木牌一面，编定当巡官员姓名及更次序，悬于中府。"[34]可见明朝政府对夜巡十分重视，洪武初年京城夜巡即发放巡牌，由中军都督府管理。洪武二十八年（1395）九月推行于全国各卫所，夜巡也分发巡牌，改由卫所镇抚管理。夜巡铜牌正是京城和各卫所夜间巡城制度的反映。

目前夜巡铜牌在各地多有发现，真伪毋庸置疑。除云南都指挥使司夜巡牌命名为"问"字，其余都为"肃"字。但馆藏两面北平行都指挥使司夜巡铜牌编号同为"肃字肆佰陆拾肆号"，因此有学者对其真伪提出怀疑。也有学者认为此类铜牌并非人手一面，数量也不会太多，特别是北平行都司只存在十余年，不应有四百多号出现。《明会典》《明实录》中都有关于北京城夜巡铜牌使用制度的记载。如五城兵马指挥司夜巡领令牌总共十面，以金、木、水、火、土五字编号，各司领同一字头的一号、二号两面，五城轮值，每夜当值官员两名，领取两面牌。中军都督府有子、丑字号铜令牌十八面、寅字号铜令牌两面，卯、辰字号铜令牌十八面，用于京城城门的管理和夜巡。金吾等二十卫守卫官宫城、皇城夜巡领申字号令牌十二面，编号为一到十二号。由此可见，京城夜巡铜牌的编号都是小号。夜巡制度先于京城，而后推行于全国各卫所，铜牌的编号也是从京城到各个卫所的大排行，因此才有几百甚至两千多号。至于编号完全相同，有可能是换发重新铸造，或同一编号铸有备份。究竟是何种原因造成铜牌编号如此复杂还有待进一步研究。

（四）双鱼纹厨子铜牌

《明史·舆服志》载："锦衣校尉上直及光禄寺吏典厨役，遇大祀，俱佩双鱼铜牌。"[35]《明史·职官志》载："双鱼铜牌之号二：曰严，以肃直卫锦衣校尉之止直者；曰善，以饰光禄胥役之供事者。"[36]国家博物馆收藏一面铜牌，江苏省南京市明宫殿遗址出土，除背面"厨子"两字变为"校尉"外，其余均同，应当是文献记载锦衣校尉上直所佩严字号双鱼牌。善字号双鱼牌应是光禄寺吏典厨役所佩。明代光禄寺的主要职能为负责备办筵宴、皇室与宫中办事人员的日常膳食，以及祭品的备办等。《明史·职官志》载："卿掌祭享、宴劳、酒醴、膳馐之事，率少卿、寺丞官属，辨其名数，会其出入，量其丰约，以听于礼部。凡祭祀，同太常省牲；天子亲祭，进饮福受胙；荐新，循月令献其品物；丧葬供奠馔。"[37]史料中有关南京光禄寺的记载较少，《日下旧闻考》记载北京光禄寺"在皇城东安门内"[38]。因此，厨子牌上注明"出皇城四门不用"。光禄寺的人员构成主要有官吏和厨役。除官员、举人、监生、生员等享有特权的人户外，全体民户都要承担杂泛差役。明代的徭役主要有正役和杂役两大类，光禄寺厨役属于杂役一类。明代选取厨役的条件比较严格，选取的厨役由光禄寺统一管理和支配。为了对每名厨役进行有效的监督和管理，要将他们的"年貌、籍贯、著役月日、曾否逃回、有无妻室、支粮若干，及每寺原额若干，逃故若干，已勾未到，见在当差若干，拨与各监若干"[39]等情况详细记录在案，编造青册一式两份，一份留光禄寺，一份送礼部。除了编订青册以确定厨役的应役情况外，明代还实行符牌制度，即当值厨役都要悬佩铜牌，加强对厨役的管理。白班称为上直，夜班称为上宿，"直宿"厨子牌就是上夜班的厨役所佩戴。

三、管理制度

明代的"符"和"牌"统称为"符牌"，这种"符"和"牌"同时使用的制度称为符牌制度。符主要用于军事，牌则有赏赐功臣、身份象征、授命凭证等多种用途。在文献中，符有时可称之为牌，而牌一般不称为符。符牌制度的形成经过了几千年的发展演变，各个朝代通过借鉴和改进前朝制度，对自身制度不断完善。明代也十分重视符牌的管理和使用，参酌辽、金、元各朝建立起一套严格的制度。符牌名目繁多，既相互配合，又相互制约。这在相关典籍中都有所记载。

根据功能和用途，笔者认为目前所能见到的实物和著录符牌可以分为随身佩牌和临时佩牌两类。随身佩牌顾名思义是要朝夕悬之，"凡在内府出入者，贵贱皆悬牌，以别嫌疑"[40]。既可以供人辨别、查验和监督，又以为荣美之饰。如朝参牙牌、关防铜牌等。临时佩牌则是上直前临时领用，下直事毕后归还。如本文所述随驾、守卫、夜巡、厨子牌皆属于临时佩牌。"洪武二十六年定，随驾官员、力士、校尉须凭牌面守卫。其牌面，内府印绶监掌管。轮直官员人等，于簿上明白附写花名，画字给领。如遇下直，务要交割明白勾销，庶无差失"[41]。其中提到的"牌面"未见到实物。洪武时期，牌面的作用和本文所述铜牌相似，都是"关给佩带下直则纳之"，不同的是牌面由印绶监掌管，而铜牌由尚宝司掌管。洪武后，牌面和铜牌的作用分化，但具体时间未见记载，牌面主要用作随身佩戴。"凡内使监官，并奉御内使，但遇出外，各门官须要收留本人在身关防牌面，于簿上印记姓名字号明白，附写前去某处干办，是何事务，其门官与守卫官军，搜检沿身，别无夹带，方许放出。回还一体搜检，给牌入内，以凭逐月稽考出外次数"[42]。

尚宝司主要负责符牌的管理。据记载，尚宝司主要掌管国家御宝及各种符牌。尚宝司"卿一人，正五品，少卿一人，从五品，司丞三人，正六品。吴元年但设一人，后增二人。掌宝玺、符牌、印章，而辨其所用"㊸。"凡官员人等领符牌等项，俱用本衙门印信手本，及赴司画字，方许领出"㊹。此外，尚宝司还要定期对符牌的使用情况进行清查，"正德四年题准，尚宝司督同各守卫官，备查各卫铜牌。某卫，该某号牌面若干。某牌，系某军悬带。遇交班之时，必须兑换明白，方许回还，旗手等二十卫，年终各造文册，送司备照"㊺。"诏尚宝司五年一清查牙牌、祭牌、金牌、铜牌、令牌、铜符等，以司丞二员领其事"㊻。

四、结语

目前所能见到公开发表出土、传世的明代符牌数量不算多，但明代朝廷对符牌的制造和使用从未间断。本文讨论的随驾、守卫、夜巡、厨子四类铜牌皆属于临时佩牌。使用者的身份等级不高，其作用也不是用来炫耀，而是证明使用者的身份，从而便于管理、检验、监督。研究铜牌实物对于了解明代符牌及符牌制度很有意义，可以补充文献史籍记载的缺憾。

----

① 文光：《枣庄市出土一件明代铜腰牌》，《文物》1984年第10期。

② 钱大昕：《十驾斋养新录》卷十五，上海书店，1983年，第356页。

③⑥ 谯彗：《透过铜牌符看历史》，《收藏家》2012年第3期。

④ 王梦瑶、吴悦：《明安庆卫指挥使司夜巡牌》，《中国文物报》2016年9月20日第8版。

⑤ 刘宁：《明代铜牌散记》，《文化学刊》2007年第4期。

⑦ 于力凡：《明代随驾铜牌及相关问题考略》，《首都博物馆论丛》第25辑，北京燕山出版社，2011年。

⑧（明）胡广：《胡文穆公文集》卷二十，《四库全书存目丛书》，齐鲁书社，1997年影印本，第28册，第168页。

⑨ 王自力、孙福喜：《唐金乡县主墓》，文物出版社，2002年，图版80。

⑩ 马顺平：《豹与明代宫廷》，《历史研究》2014年第3期。

⑪《明孝宗实录》卷一百六十二，中国台北"中央研究院"历史语言研究所校印本，1962年，第2934页。

⑫（明）刘若愚：《明宫史》卷三，《文津阁四库全书》，商务印书馆，2005年，第217册，第210页。

⑬《明史》卷七十四《职官三》，中华书局，1974年，第1819页。

⑭《明太祖实录》卷一百六十一，中国台北"中央研究院"历史语言研究所校印本，1962年，第2502页。

⑮《明太祖实录》卷二百四十一，中国台北"中央研究院"历史语言研究所校印本，1962年，第3511页。

⑯《明武宗实录》卷三十七，中国台北"中央研究院"历史语言研究所校印本，1962年，第6742页。

⑰《大明会典》卷一百三十四，江苏广陵古籍刻印社，1989年，第1913页。

⑱《明宣宗实录》卷十七，中国台北"中央研究院"历史语言研究所校印本，1962年，第1810页。

⑲《明世宗实录》卷三十三，中国台北"中央研究院"历史语言研究所校印本，1962年，第853页。

⑳《明太祖实录》卷八十二，中国台北"中央研究院"历史语言研究所校印本，1962年，第396页。

㉑《明仁宗实录》卷四，中国台北"中央研究院"历史语言研究所校印本，1962年，第137页。

㉒《大明会典》卷二百二十二，江苏广陵古籍刻印社，1989年，第2949页。

㉓㊱《明史》卷七十四《职官三》，中华书局，1974年，第1804页。

㉔《大明会典》卷二百二十二，江苏广陵古籍刻印社，1989年，第2950页。

㉕《明太祖实录》卷一百八十五，中国台北"中央研究院"历史语言研究所校印本，1962年，第720页。

㉖《明太宗实录》卷十八,中国台北"中央研究院"历史语言研究所校印本,1962年,第748页。

㉗(清)顾祖禹:《读史方舆纪要》卷十二,中华书局,1955年,第552页。

㉘《寰宇通志》卷二,《玄览堂丛书》,广陵书社,2010年,第7册,第5143页。

㉙《明史稿》志第六十七《兵三》,中国台湾文海出版社,1962年,第322页。

㉚《明史》卷七十六《职官五》,中华书局,1974年,第1873页。

㉛《明太祖实录》卷五十九,中国台北"中央研究院"历史语言研究所校印本,1962年,第317页。

㉜《明太祖实录》卷一百零一,中国台北"中央研究院"历史语言研究所校印本,1962年,第454页。

㉝《明史》卷八十九《兵一》,中华书局,1974年,第2189页。

㉞《明太祖实录》卷二百四十一,中国台北"中央研究院"历史语言研究所校印本,1962年,第902页。

㉟《明史》卷六十八《舆服四》,中华书局,1974年,第1665页。

㊱《明史》卷七十四《职官三》,中华书局,1974年,第1798页。

㊳(清)于敏中等:《日下旧闻考》卷六十五《官署》,北京古籍出版社,1983年,第1074页。

㊴《大明会典》卷一百一十五,江苏广陵古籍刻印社,1989年,第1686页。

㊵(明)陆容:《菽园杂记》卷二,《景印文渊阁四库全书》,第1041册,中国台湾商务印书馆,2008年,第248页。

㊶《大明会典》卷一百四十三,江苏广陵古籍刻印社,1989年,第2012页。

㊷㊺《大明会典》卷一百六十六,江苏广陵古籍刻印社,1989年,第2312页。

㊸《明史》卷七十四《职官三》,中华书局,1974年,第1803页。

㊹《大明会典》卷二百二十二,江苏广陵古籍刻印社,1989年,第2952页。

㊻《明神宗实录》卷一百六十九,中国台北"中央研究院"历史语言研究所校印本,1962年,第10957页。

(作者单位:首都博物馆)

北京大学发现的"断桥残雪"石坊复原研究

杨笑之　吴佳雨　韩光辉

一、选题缘起

2011年11月10日,施工单位在北京大学朗润园施工工地发现9块条石,其中7块位于工地开挖地基南侧,埋深约20～30厘米,一块位于开挖地基西侧,一块位于开挖地基内部,部分条石断裂,其中一块类似匾额的条石上有精美浮雕,上书"断桥残雪"四个大字,并有"乾隆御笔"章。柱石上有文字。经考古系老师现场辨认,并经后续查阅资料初步判断,这一组条石可能为圆明园内建成于乾隆七年(1742)的汇芳书院问津敞厅东面石坊,坊楣刻有乾隆御书"断桥残雪"。挖出的残石现存于北京大学朗润园中国经济研究中心南侧湖岸,用塑料薄膜、木板及薄土覆盖。2012年9月底,北京大学基建工程部申请修复石牌坊并给出两个修复方案。其一为利用现有石材修复两座单间二柱石牌坊,但缺少一块坊楣;其二是参考北海公园某处景观的样式进行修复,但可能与历史原貌相差较大。

二、现场踏勘及初步讨论

(一)现场踏勘

2013年4月27日,笔者对残石进行实测,现场遗留有断裂方柱形条石数块、"断桥残雪"坊楣一块。条石文字较为清晰,大部分可明确辨认,但根据楹联格式,有部分文字缺失。残石图案有部分缺失。4月29日,笔者对归还至圆明园的"柳浪闻莺"坊楣进行实测。另外,收集了部分颐和园谐趣园知鱼桥石坊和北海濠濮间石坊的资料。

四块条石有假箍头和云墩、放置坊楣的凹槽结构,确定为边柱。1. 较为完整边柱,边缘稍有磨损。假箍头损坏(图一右侧两图,分别为前后侧面)。2. 根据较为完整边柱尺寸,其中两块条石可大致拼合为一完整边柱。边缘稍有磨损(图一左侧两图,分别为前后侧面)。3. 另有四块条石大致可拼出两个不完整边柱,柱身缺失较多,文字部分较为完整(图二、图三)。

一块条石上下皆有正方形凹槽,边缘

图一　方柱实测图一

北京大学发现的"断桥残雪"石坊复原研究

图二 方柱实测图二

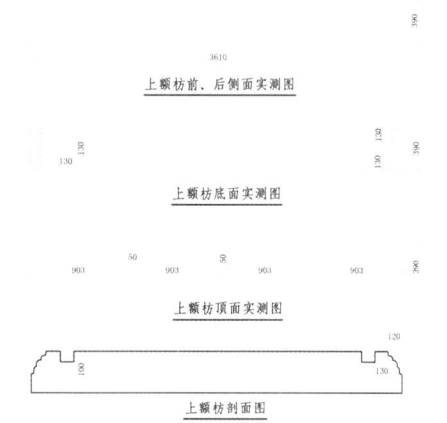

图四 上额枋实测图

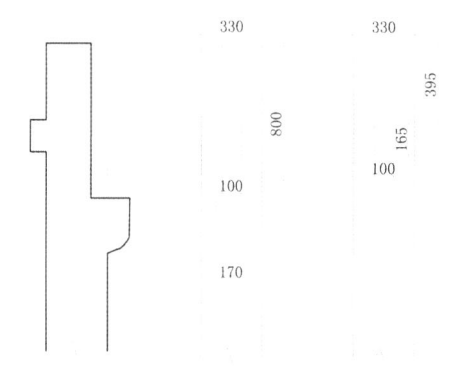

图三 方柱实测图三

稍有磨损,可确定为上额枋(图四)。

"断桥残雪"与"柳浪闻莺"坊楣形制、雕花、字体皆相同,"柳"坊楣雀替与上部一角稍有磨损(图五至图七)。

(二)初步讨论

根据残石情况,"断桥残雪"石坊复原面临三个问题:

第一,石坊的具体位置。圆明园汇芳书院周边水道经过历年维修已非原样,牌坊的具体位置也尚待考证。若存在另一座石坊,则同样需要考证具体位置。

第二,石坊形制。根据清代建筑遗存,如玉泉山入口老照片(图八)及北海等皇家园林景观,有两个推论:1.石坊为四柱三间式。现场只发现一个坊楣,而条石较多,根据断裂情况基本可确定为三柱以上,故初步结论为一座四柱三间式石坊。2.现场遗存为两座单间两柱式的残石,则需考证第二座石坊的坊楣去处及内容。

第三,残石可否组成完整石坊。1.石坊除了汉白玉石料,疑似额枋的上下两侧面皆有凹槽,推测额枋上还有未发现的部件,是否为牌楼及形制如何待考;2.边柱下方前后两侧面有斧劈痕迹,是否有抱鼓石或夹杆石待考。

三、梳理与考察

(一)"断桥残雪"石坊位置

查阅相关文献,在《钦定日下旧闻考》中有这样的记载:

鸿慈永祜东垣外径连冈三重度桥,而东则汇芳书院也。内宇为抒藻轩,后为涵远斋,斋前西垣内为翠照楼,东垣内为俦云楼,又东为眉月轩,俦云楼南稍东为随安室,又东敞宇三楹为问津。逾溪桥数武有石坊为断桥残雪。①

根据样式雷图样②,可知"断桥残雪"石坊位于汇芳书院问津敞厅东侧(图九)。现场勘探后,依据现存河道遗迹和景物相对位置,以及大致位置上的残存硬化,可确定图样中石坊位置(图一〇)。

(二)"断桥残雪"石坊形制

1.根据样式雷图样比例,石坊通长约

文物研究

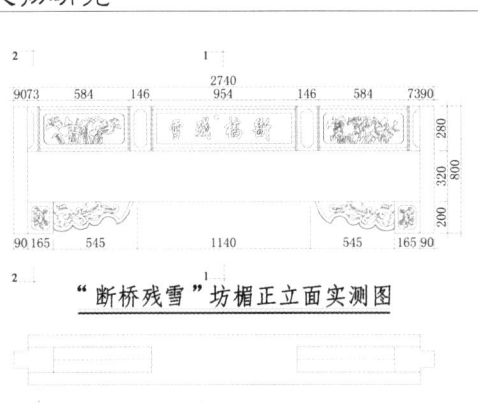
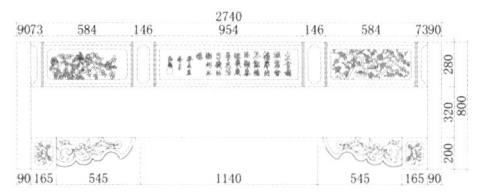
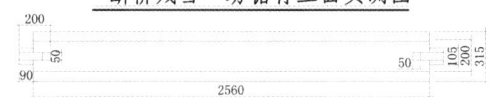

图五 坊楣实测图一

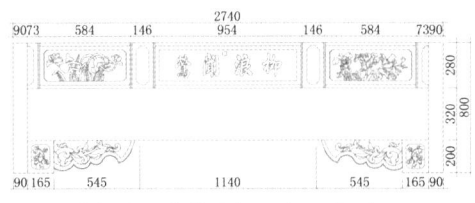
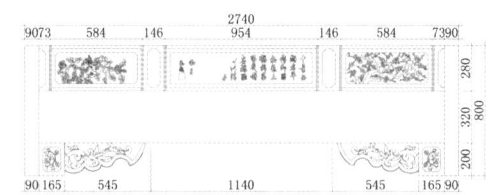

图六 坊楣实测图二

4米，为单间两柱式。实测"断桥残雪"石坊上额枋3.61米，数值较为接近。但现场除额枋外，根据楹联文字数量及一块完整条石（通长3.91米），可确定有四根边柱，明显多于单间两柱式所用石材。而间柱的缺失，基本可排除四柱三间式的形制，初步确定"断桥残雪"为单间两柱式石坊。

2. 根据边柱数量，可以初步断定石坊至少为两座，而样式雷图样中只画出一座。出现这样的情况有可能是受到图纸制约，致使在样式雷图样中并没有画全；也有可能石坊的位置并不在"汇芳书院"景区，从而图样未画出。

3. 根据石柱上的文字，可识别的分别是"能言春鸟呼名字""一行烟意入新题""罨画林云自往回""□□画情遮过客""楼台仍积玉嵯峨""连村画景张横幅""杨柳似含烟幕□""□□梅花发野桥"。经查阅《四库全书》可知：

"能言春鸟呼名字，罨画林云自往回"出自乾隆皇帝的《驻跸静寄山庄》诗。描写春景[3]。

"几缕画情遮过客，一行烟意入新题"出自乾隆皇帝的《万柳堤》诗，描写春景万柳长堤[4]。

"连村画景张横幅，着树梅花发野桥"出自乾隆皇帝的《积素》诗，描写冬景[5]。

"杨柳似含烟幂䍥，楼台仍积玉嵯峨"出自乾隆皇帝的《林亭雪景》诗，描写冬景[6]。

可以看出四副对联中，前两副对联描

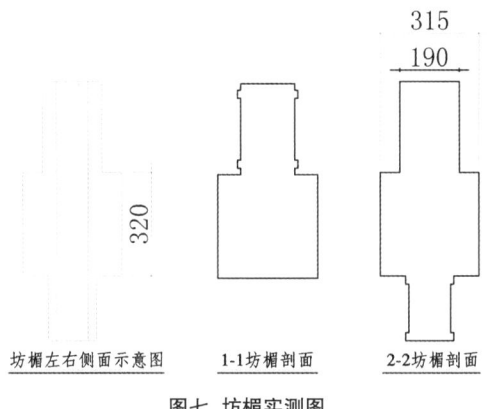

图七 坊楣实测图

· 56 ·

图八 玉泉山老照片（美：Sidney D.Gamble 摄）

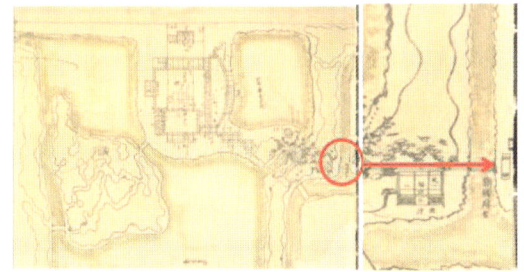

图九 汇芳书院及"断桥残雪"石坊位置图
（底图来源于样式雷图样）

图一〇 圆明园断桥残雪牌坊原址现状

写的是春景，后两副对联描写的是冬景，春景的描写显然与"断桥残雪"景点意境相悖，从而印证了残石并不同属为一座石坊、应为两座石坊且"断桥残雪"坊为单间两柱式的推测。

（三）"柳浪闻莺"石坊位置与形制

通过韩光辉先生对多年前情况的了解得知，"柳浪闻莺"坊楣亦曾散失于北京大学朗润园，1977年发现归还圆明园，现存于海晏堂"残碑沉思"景区（图一一）。

据《钦定日下旧闻考》记载，圆明园仿西湖十景所建景区中还有一处也有石坊，即与"断桥残雪"建于同年的位于文源阁西北的"柳浪闻莺"石坊："水木明瑟之北稍西为文源阁，上下各六楹。阁西为柳浪闻莺"[7]（图一二、图一三）。

"断桥残雪"与"柳浪闻莺"同建于乾隆二十八年（1763），据《四库全书》记载：

御书断桥残雪四字，乾隆二十八年行书。御制断桥残雪诗，乾隆二十八年七言绝一首行书。御书柳浪闻莺四字，乾隆二十八年行书。御制柳浪闻莺诗，乾隆二十八年七言绝一首行书。[8]

由于两座石坊都曾散失于北京大学朗

图一一 圆明园"柳浪闻莺"坊楣现状

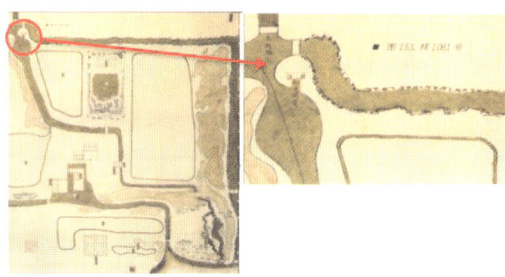

图一二 文源昌阁及"柳浪闻莺"石坊位置图
（底图来源于样式雷图样）

图一三 圆明园"柳浪闻莺"石坊原址现状

润园，根据实景照片及实测图，两个牌坊的坊楣、形制相同，所以笔者推测：曾存于北京大学朗润园的"柳浪闻莺"坊楣应与写有春景文字的石柱同属一座石坊。故而此次挖出的9块条石应是"断桥残雪"的坊柱与坊楣及"柳浪闻莺"石坊的坊柱，两者形制相同，同为单间两柱式。

（四）其他构件的猜测

贝勒载涛在1924年前后曾将圆明园中大量石雕、碑刻、太湖石运往朗润园（载涛赐园），石坊也是此时运过来的。根据额枋侧面的凹槽可知，石坊上还有未发掘出的结构，应是牌楼形式。

另外，在边柱下方，有宽度约10厘米的凹槽及宽度约16厘米的斧劈痕迹，与额枋下侧面与匾额接触部位的斧劈痕迹相同，应为防滑所作。推测边柱下方存在抱鼓石。斧劈痕应是加强抱鼓和柱身的稳定性。

查阅乾隆年间的园林景观建设情况，有四座石坊在同时期建成。分别是"断桥残雪""柳浪闻莺"、清漪园惠山园（今颐和园谐趣园）"知鱼桥"石坊（图一四）和北海濠濮间九曲桥北石坊（图一五）。

"知鱼桥"石坊联句"回翔凫雁心含喜，新茁萍蒲意总闲"出自《御制过玉蝀桥诗》[9]，乾隆十九年（1754）作。"月波潋滟金为色，风濑琤琮石有声"出自《分鉴曲》[10]。另外乾隆二十八年曾写《知鱼桥诗》[11]。

北海濠濮间乾隆二十四年（1759）《御制赋得濠濮间诗》有载："曲折池面北接石坊，坊上石刻横书：南向曰山色波光相罨画，北向曰汀兰岸芷吐芳馨。又石刻联二：南向曰日永亭台爽且静，雨余花木秀而鲜。北向曰蘅皋蔚雨生机满，松嶂横云画意迎。"[12]

后两座牌楼的石构部件与前两座现存部分除文字外基本相同，后两座的楼顶与抱鼓细节虽有不同，但式样基本相同，雕花风格相似。并且，这两座石坊建立时

图一四 颐和园谐趣园知鱼桥石坊现状

图一五 北海公园濠濮间石坊现状

汇芳书院与水木明瑟景区早已完工，是后加的单独小建筑，使用标准化的施工图可能性很大。由于圆明园两座石坊原址周围及北京大学朗润园暂时无法搜寻到与牌楼和抱鼓相似的残石，在现有的资料下，推测这四座牌坊除细节尺寸外，形制相同，并根据残石与两座现存牌楼绘制初步复原图。

四、石坊复原图及结论

根据上文分析，"断桥残雪"与"柳浪闻莺"石坊实为单间两柱式牌楼，楼柱下方前后有抱鼓石，牌楼形制与抱鼓石参考同时期的两座现存牌楼，复原图如下（图一六至图一八）。

"断桥残雪"牌楼坊楣正面题"断桥残雪"，背面断桥残雪诗："在昔桥头

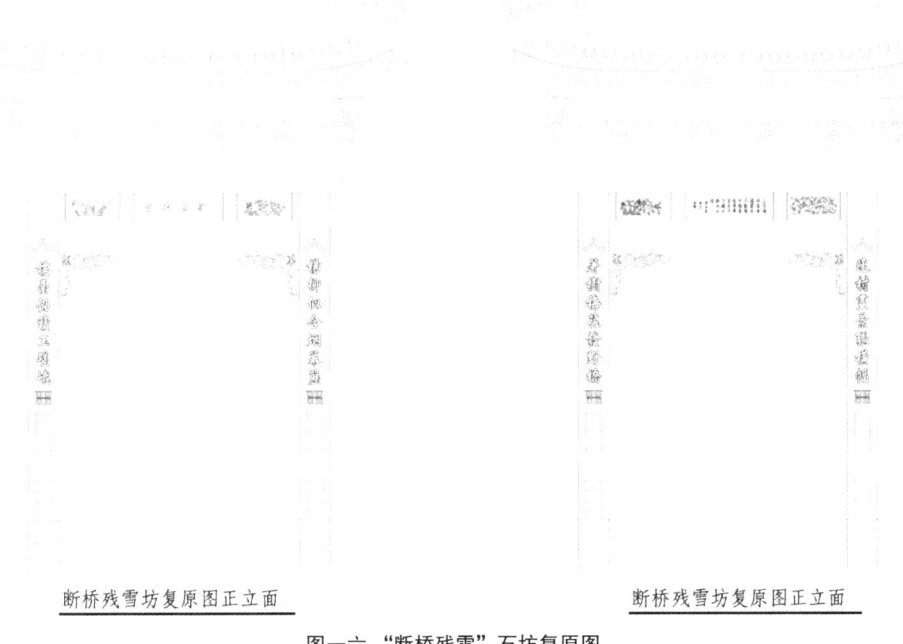

图一六 "断桥残雪"石坊复原图

图一七 "柳浪闻莺"石坊复原图

密雪铺，举头见额忆西湖。春巡几度曾来往，乃识西湖此不殊。"坊楣雕刻四时花卉。边柱正面联："杨柳似含烟羃䍥，楼台仍积玉嵯峨"；背面联："连村画景张横幅，着树梅花发野桥"。

"柳浪闻莺"牌楼坊楣正面题"柳浪闻莺"，背面柳浪闻莺诗："十景西湖明早传，御园柳浪亦称旃。栗留叽哰无端听，讶似清波门那边。"坊楣雕刻四时花卉。边柱正面联："能言春鸟呼名字，罨

图一八 "断桥残雪"石坊现状图

画林云自往回";背面联:"几缕画情遮过客,一行烟意入新题"。

---

① ⑦（清）《钦定日下旧闻考》卷八十一,《文渊阁四库全书》史部地理类。

② 郭黛姮、贺艳:《圆明园的记忆遗产:样式房图档》,浙江古籍出版社,2010年。

③《钦定盘山志》卷首四,《文渊阁四库全书》集部别集类。

④《御制诗集》二集卷二,《文渊阁四库全书》集部别集类。

⑤《御制诗集》二集卷六十五,《文渊阁四库全书》集部别集类。

⑥《御制诗集》二集卷十四,《文渊阁四库全书》集部别集类。

⑧⑪《皇朝通志》卷一百十七,《文渊阁四库全书》史部政书类。

⑨《国朝宫史》卷十五,《文渊阁四库全书》史部政书类。

⑩《御制诗集》二集卷四十六,《文渊阁四库全书》集部别集类。

⑫《国朝宫史》卷十六,《文渊阁四库全书》史部政书类。

(作者单位:北京大学城市与环境学院)

也谈正阳门关帝庙和北海万佛楼

孔庆普

一、先谈关帝庙

（一）关帝庙初步调查

1950年春季过后，人事局分配我到建设局，人事科安排我在道路科，科长让我帮助工程师们描图、计算工程量、编制工程预算。

是年7月局长让我全面负责桥梁养护与管理；负责城墙及城上建筑物管理与修缮；负责跨于街道上的门楼和牌楼，以及其他有关古代建筑的管理与修缮。

1950年9月底前，市政要求建设局汇报城楼、门楼、牌楼等古代建筑状况。国庆节过后，我从下属单位养工所借调两名青年工人，帮我调查城墙、城楼、门楼、牌楼及其他古建物。

10月3日开始外业调查，在安定门箭楼南面有真武庙，在德胜门箭楼南面有真武庙，在正阳门门洞南面东侧有关帝庙，西侧有观音庙，其他城门的瓮城内没有古代建筑。

关帝庙和观音庙各有一个方形院子，院门朝南开。两座庙的建筑格局和形式相同，正殿面宽三间，建在台座上，屋面是歇山式琉璃瓦顶，明间的前面有一樘大门，两个边间的前面，下部是坎墙，上部是窗户。正殿的两端各有两间耳房，屋面均为两坡式灰陶瓦顶，前面有一门一窗。后院北墙根有一溜旧房基。

（二）建立古代建筑技术档案

1951年1月初，我调到养路工程事务所工务组，把以前负责的工作全部带过来。是年3月中旬，邀请曾在营造局和工务局工作的老工程技术人士，召开古代建筑调查座谈会。会后，抽调9名青年工人，组成三个小组，分别调查城墙和角楼、城楼和箭楼、牌楼、门楼和其他古代建筑。

3月19日，开始外业调查，4月底完成，随后建立各种古建技术档案。

关帝庙和观音庙的建筑规模、格局和建筑形式完全相同。各有一个方形围墙，外墙东西长32.5米，南北宽22米，北墙距城台2.9米。

外墙的墙身是红色混水墙，下部是灰色清水城砖墙裙，墙基是一层青石板，墙顶上有琉璃瓦墙帽。内墙面的下部是灰色清水城砖墙裙，墙身是白色混水墙。院内地面是墁砌城砖。院门的门楼是四坡式琉璃瓦顶，门垛是青砖磨砖对缝墙面，下部是三层青石墙基，门前有一层青石板台阶。门洞里有一对红色木板门，门扇上各有一副铜质虎头门环。

正殿建筑在一个长方形台座上，台座东西长13.85米，南北宽8.45米，上面四周有青石台明，台明宽0.6米，台座高0.66米，台明下面用城砖砌筑，四角有青石护角柱。台座的中间前面有三级青石台阶，两边有青石垂带，象眼砌城砖。

正殿的屋面是歇山式琉璃瓦顶，明间开间4.45米，边间开间3.85米，进深6.74米，明间前面是四扇上半截花格儿门，边间前面下部是大青砖坎墙，上部是花格儿窗户。室内四壁是白色混水墙面，没有天花板。地面是大方砖。

正殿两端各有两间耳房，前面有一门

一窗，屋面是两坡式圆脊硬山陶瓦顶，室内铺墁城砖地面。

东西配房各三间，屋面是两坡式圆脊硬山陶瓦顶，明间前面是一樘双扇半截方格木门，边间前面各有一个大方形窗户。室内四壁是白灰混水墙。室内铺墁尺二方砖地面，室内地面高出院内地面0.45米，门前有两层青石板台阶。

正殿的后面，在北墙根由东到西有整一溜旧房基，前面是青四丁砖墙，砖墙厚0.5米，砖墙高0.6米，下面有一层青石板。房基上面平铺青四丁砖地面。

老描图员齐延龄见我和两位助手在整理关帝庙和观音庙的调查材料，他说："你们光调查两座庙的建筑，你们知道不知道关帝庙和观音庙的来历？"我说："这么说你一定知道啦，请你跟我们讲讲吧。"齐延龄说："好吧，咱们到绘图室里去讲，别影响别人工作。"

他说，明朝的大将军袁崇焕领兵在关外阻抗清兵入关，大获全胜。崇祯皇帝下诏，敕建袁崇焕功绩馆。工部尚书传旨，在正阳门南面两边修建两所袁崇焕功绩馆。而后，奸臣对崇祯皇说，袁崇焕要投向清兵，皇帝信以为真，下诏袁崇焕班师回京。袁崇焕领兵走到八里桥，接到刑部通知，在广渠门外候旨，袁崇焕领兵来到广渠门以后，城楼上传令，皇上有旨，只许袁崇焕一人进城。随即从城上用绳子系下来一个荆筐，让袁崇焕坐在筐里，把袁崇焕拉上城墙。不久，袁崇焕被斩首。正阳门外已经建成的两所房子，于是改成关帝庙和观音庙。

（三）"红卫兵"毁坏关帝庙和观音庙

1966年8月20日，下午下班后，我和两位同事（邻居）去前门外月盛斋买酱牛肉，正遇上"红卫兵"砸全聚德的匾，月盛斋的店员赶紧搬桌子摘挂在门头上的匾，把我们堵在店里出不来了，等他们把匾摘下来以后，我们才出来。听过路人说，"红卫兵"把关帝庙和观音庙砸了。

市政处的一个群众组织"革命委员会"（简称"革委"），听说关帝庙和观音庙被"红卫兵"砸了，两位领头人前去正阳门查看关帝庙和观音庙被砸情况。据说，两座庙的正殿门窗都砸坏了，房顶上的琉璃瓦毁坏了不少。随后，派第一管理所的同派工人前去把关帝庙和观音庙大院的大门用木板钉死封住。

市政处另一个群众组织"联合造反委员会"（简称"联委"），派一部分同派工人，把关帝庙和观音庙正殿屋顶上的琉璃瓦又揭去许多，拆去一部分望板和椽子。一是为和"革委"对着干，二是表示支持"红卫兵"的革命造反行动。

（四）拆除关帝庙和观音庙

1969年11月底，市政处两派实现联合，选出市政处新领导班子。12月5日，市政处新上任的主任在建筑礼堂主持召开全处干部大会，宣布调整后的第一至第九管理所干部名单，名单以外的干部一律下放劳动。我被安排在第七管理所生产组，恢复工作，未恢复职务，恢复原工资，未补发强扣的工资。

1970年1月，市民往市政局门口贴大字报（摘要）：前门外的关帝庙和观音庙房顶坏了，有危险，屋里有乞讨人居住，强烈要求市政局采取措施。署名"革命群众"。城建局（"文革"期间，规划、市政等五个局合并，成立城市建设局）军管会让市政处军宣队解决市民提出的要求。市政处军宣队队长杨超文让第七管理所书记派人去把前门外的关帝庙和观音庙拆除。郭书记让我主持拆除两座庙宇。

1月8日，我和下放干部张瑞峰前去查看关帝庙和观音庙的情况。回来后向市政七所郭书记汇报，并建议，拆除柱基石的时候让政工组去人，估计柱基石下面可能有银元宝或银锞子。

1月10日，我和张瑞峰带领三连（原三班）去正阳门拆除关帝庙和观音庙。当天上午把两座正殿和四座配房的屋顶结构拆完，墙体均未拆完，耳房全部拆完了。把琉璃瓦件、陶瓦件和旧砖分别码放在两个院内南墙根儿。木构件放在两个院子中间。

张瑞峰和材料员杨曼如清点旧木料,并造表登记:

木柁,红松,38cm×42cm×699cm,8根。

木柁,红松,32cm×38cm×425cm,8根。

木柁,红松,38cm×42cm×355cm,16根。

木柁,红松,32cm×38cm×225cm,16根。

檩木,红松,直径23cm×445cm,42根。

檩木,红松,直径18cm×333cm,60根。

木柱,黄松,直径25cm×325cm,16根。

木柱,黄松,直径20cm×305cm,32根。

主要旧木料清点登记后,将所有旧木料全部运到太平湖仓库。

中午回所吃饭时向郭书记汇报工程完成情况,书记随即通知第二、三、四所,下午派车去前门拉旧砖。

下午继续拆除正殿和配房的墙体、台座、室内地面。同时拆除院墙及院内地面。最后拆48个柱基石。先移动四座配房的32个柱基石,柱基石的下面一无所有。然后移动两座正殿的16个柱基石,每个柱基石下面有一个银锞子。由政工组干事冀先和吴宝才将银锞子拿走。而后,送交公安局。

最后由第七管理所二连(原第二班)清理工地,拆除房基石灰土,平整场地。是年4月,由园林局绿化队在关帝庙和观音庙旧址上种植树木和花草。

二、再谈万佛楼

1951年我主持城楼修缮工程期间,需要一部分琉璃瓦和大脊琉璃件。建设局顾问林是镇告诉我,北海万佛楼仓库里有不少琉璃瓦和各种琉璃件。

于是请刁库长领我去查看,我们骑自行车从文津街进入小石作,经养蜂夹道到琉璃门。仓库在琉璃门路东,进门是一个大院子,靠南墙有一溜儿简易棚子,棚子里分类码放着许多各种琉璃件。

刁库长说,这些琉璃件是拆除城隍庙大殿和三官庙东配殿的琉璃件。南墙上封堵的这个门南面是小西天,东面墙上封堵的门东面是阐福寺。民国三十五年(1946)谭炳勋当工务局局长,市政府批准工务局占用这里做仓库。把东门和南门都堵上了,北面的两个门也堵上了。北京解放后,建设局接管这个仓库。

万佛楼在北面,是一栋二层琉璃楼房,东西向面宽五间,首层南面明间有琉璃门框和门楣,门洞用青四丁砖砌堵。其余各间有琉璃窗户框和窗楣,用青四丁砖砌堵。首层和二层楼之间的墙面上横向有琉璃二重檐。二层楼的南面各间有琉璃窗户框和窗楣,用青四丁砖砌堵。琉璃墙上顶有琉璃斗拱、琉璃椽头、琉璃瓦滴水和瓦当,满墙全是琉璃小佛像。万佛楼的东西两头各有一堵墙,墙上各有一小门儿,用青四丁砖砌堵。

复兴门内的城隍庙,1949年以前是工务局工程队驻地,1949年以后是建设局养路工程事务所。大殿的房顶普遍漏雨,望板、椽、檩普遍腐朽。

1950年1月,养路工程事务所搬到双栅栏1号。城隍庙改成养路工程事务所仓库。1950年上汛前,将城隍庙大殿拆除,把琉璃瓦等琉璃件全部送到万佛楼仓库。1953年4月,市政府通知建设局,本月底前将万佛楼移交给北海公园管理处。于是将仓库里的琉璃件全部送给故宫博物院。

(作者单位:北京市市政工程局)

怀柔区郑家庄遗址考古调查及初步钻探简报

北京市文物研究所

2018年4月28日至5月13日，为了解和认识怀柔区北房镇郑家庄村古代遗址的范围、年代和性质，北京市文物研究所在郑家庄村北部及周边区域开展了考古调查，并进行了初步考古钻探。

一、地理位置与现状

本次考古调查区位于怀柔区东部、北房镇郑家庄村北部，北至京密路，西至小罗山路，东至西统路，东南部为潮白河河道，总面积200余万平方米（图一），西南角GPS坐标为北纬40°19′20.2″、东经116°44′03.3″。该调查区域地势较为平坦，地表大部分为农田和林地，东部有厂房和现代建筑，南侧为郑家庄村的居民住宅，西北为大面积废弃的种植大棚。

二、初步钻探和调查

（一）初步钻探

此次考古钻探以初步了解和掌握该区域内地下遗迹的分布范围、年代和性质为主要目标，因此，在整个区域内横、纵交叉布孔，东西方向布孔13行，南北方向布孔23列，每行、每列中的探孔间距为5米（图二）。在钻探过程中，发现遗迹，再进行重点钻探。

根据考古钻探，该区域地层堆积情况如图三。

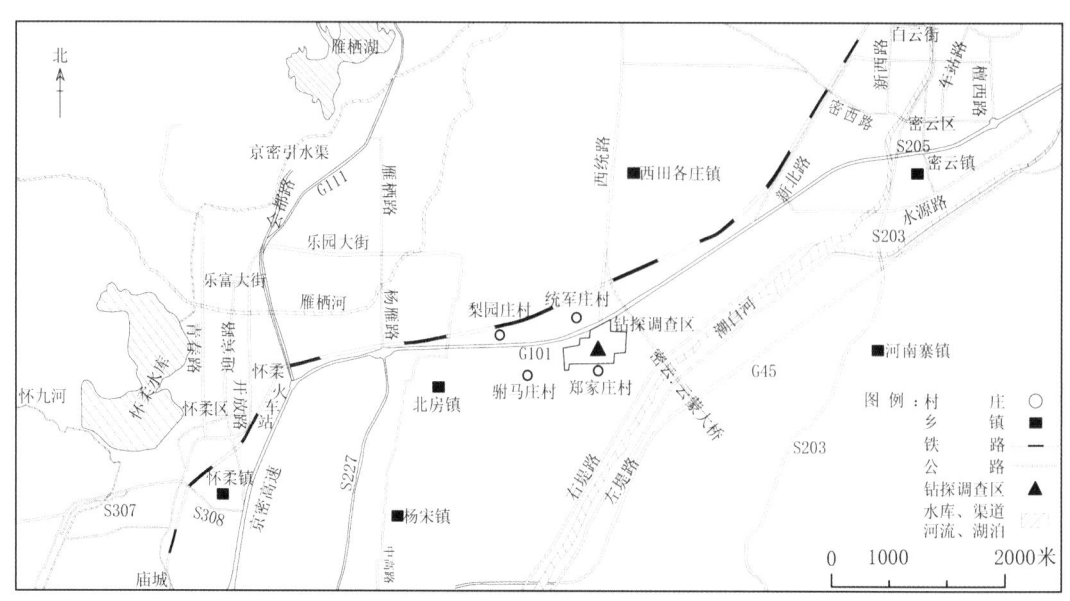

图一 怀柔郑家庄遗址调查区位置示意图

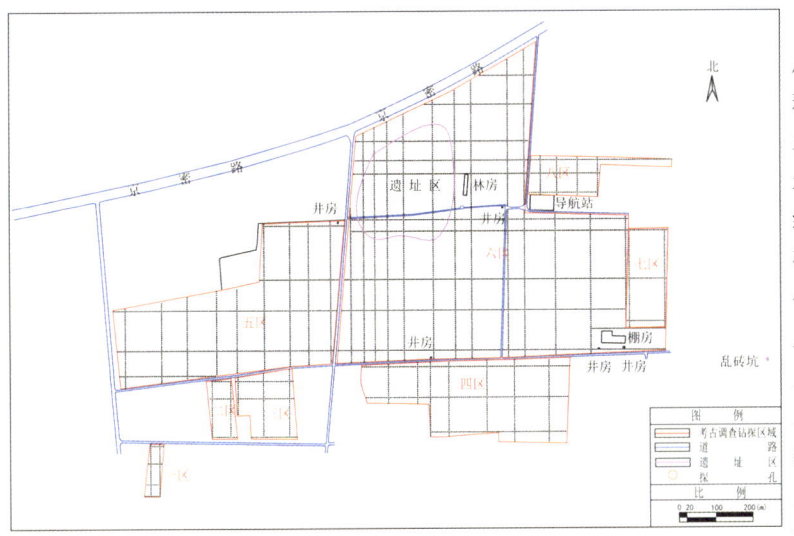

图二 怀柔郑家庄遗址考古调查、钻探布孔范围平面图

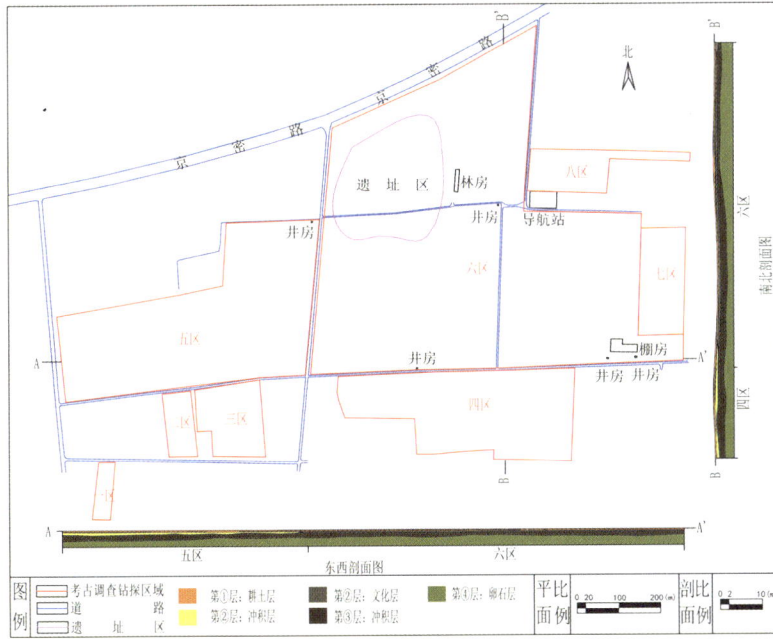

图三 怀柔郑家庄遗址调查区平、剖面图

该区域北部的地层堆积状况：第①层为耕土层，灰褐色沙质黏土，土质疏松，厚0.3米，内含植物根系、细沙及陶片、瓦片、砖块等。第②层为汉代文化层，黑褐色沙质黏土，土质较疏松，厚0.5~1.3米，内含陶片、瓦片、砖块、铁锈残块、碳粒等。第③层为冲积土层，浅黄褐色细沙土，土质较疏松，包含物较少，厚0.3~1米。③层以下为鹅卵石。

该区域内的第③层以下均为鹅卵石，厚度不详，根据村东目前正在施工的土沟剖面来看，已超过1.8米。

（二）实地调查

此次考古调查主要是查看地表的古代遗存，包括遗迹、遗物，了解其分布范围和年代。经全面调查，该区域内地表未发现古代遗迹。而在该区域的中部，地表散落有数量较多的古代遗物，主要有

该区域东、西、南部的地层堆积状况基本一致：第①层为耕土层，灰褐色沙质黏土，土质疏松，厚0.3~0.4米，内含植物根系、细沙及少量陶片、砖块等。第②层为冲积土层，黄褐色粗砂土，土质较疏松，厚0.7~0.9米，内含黑灰颗粒、细沙及少量陶片等。第③层为冲积土层，浅黄褐色细沙土，土质较疏松，包含物较少，厚1.2~1.5米。③层以下为鹅卵石（图四）。

灰陶片、夹砂红陶片、瓦片、青砖块、白釉瓷片及少量青花瓷片等（图五、图六），时代以汉代为主。采集到的完整器物是夹砂灰陶纺轮一件（图七）。

（三）基本认识

该调查区内地层中含沙量大，应与常年的水流冲积密切相关。鹅卵石普遍分布于土层下，具体的厚度有待于今后进行解剖。

通过初步钻探，在该调查区北部发

考古研究

图四 钻探土样

图五 采集的陶片

图六 采集的瓷片

图七 采集的陶纺轮

现一处较为明显的遗址。该遗址平面呈不规则形，南北长210～300米，东西宽210～260米，面积约64000平方米，堆积厚度0.5～1.3米（图八）。根据地表采集和探孔内出土的遗物，推测该遗址的主体年代为汉代。

通过地表踏查，调查区全域地表均可或多或少采集到遗物，但相对集中分布于调查区的中部及北部，与钻探出的遗址区基本重合。在初步钻探和调查过程中，未发现城墙遗迹、大型墓葬或夯土基址遗迹、窑址或作坊遗迹等。

综上所述，郑家庄村北遗址，从面积、规模、采集遗物等因素看，是一处较为重要的汉代遗址区。

三、郑家庄遗址与渔阳郡城址

郑家庄村北一带，当地人常称之为"南城子"，其中的"城"指的是战国至两汉时期的渔阳郡城，亦即渔阳郡治所的所在地；"南城子"则是指渔阳郡城的南城墙。郑家庄村北以及毗邻的梨园庄和统军庄，历来受到文物部门和相关研究者的重视，一是开展过多次调查，被划入第五批地下文物埋藏区；二是经过反复研究，被认定为渔阳郡城址的所在地。从此次考古调查和初步钻探的结果来看，郑家庄村北及周围区域有较为重要的汉代遗址应无争议，而定其为渔阳郡城址的所在地则尚有存疑。

根据当前的研究和认识，战国、秦汉时期的渔阳郡城位于如今的怀柔区境内，并无太大分歧。以之为前提，若说渔阳郡城不在郑家庄村北及周围，则渔阳郡城究竟在哪里？如何通过考古的方式、方法，结合文献记载加以确认？均为需要具体解决的问题。以下通过梳理史料记载，整合考古发现略加说明，冀希为今后考古工作的具体开展提供参考。

（一）建置沿革

渔阳之设，始于战国，为燕地五郡之

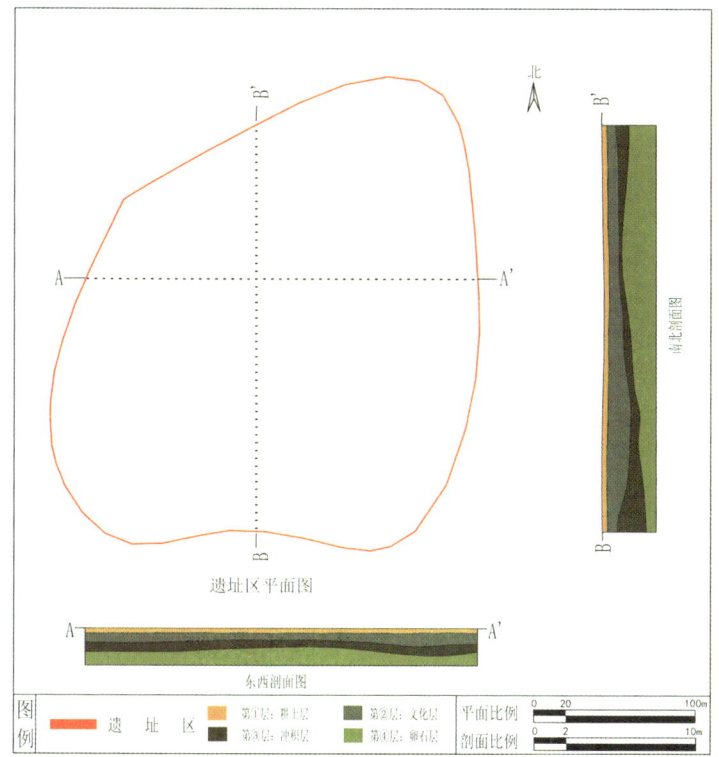

图八 遗址区平、剖面图

两汉之后，渔阳郡县的辖区、治所或多有变动、废改，不再一一列举。至唐，渔阳作为郡名已基本不再使用，作为县名则沿用未变，《旧唐书·地理志》[11]及《太平寰宇记》中记载："唐武德以后废郡，复为幽州属邑。至开元十八年析幽州之渔阳、三河、玉田三县置蓟州，取古蓟门关以名州。天宝元年改为渔阳郡。乾元元年复为蓟州。领县三：渔阳，三河，玉田……渔阳县，三乡。本汉旧县……开元中置蓟州于此。"[12]李吉甫撰《元和郡县图志》所佚河北道，仅在蓟州下记渔阳县[13]。综上所述，传世文献中所见秦汉渔阳建置，所记、所识并无超出《史记》《汉书》者。

（二）地理方位

以上为正史中所见渔阳郡县之沿革，其中所载，多记建置，少言地望，二者没有密切结合，尤以郡治之地，具体方位鲜有提及。关于渔阳郡城方位的记载，诸史之中以《水经注》最为重要。《水经注·沽水》中记载："沽水又西南流出山，迳渔阳县故城西而南合七度水……沽水又南，渔水注之，水出县东南平地泉流，西迳渔阳县故城南。渔水又西南入沽水。沽水又南，与螺山之水合，水出渔阳城南小山。《魏土地记》曰：城南五里有螺山，其水西南入沽水。"[14]《水经注·鲍丘水》中记载："鲍丘水从塞外来，南过渔阳县东……鲍丘水又东南，迳渔阳县故城南。"[15]渔阳郡城得名，取义于地处渔水之阳。而考究渔阳郡城，可据水系（沽水、鲍丘水）所经、山峰（螺山）所在而定。后成之书，如唐张守节撰

一，《史记·匈奴列传》中记载："燕亦筑长城，自造阳至襄平，置上谷、渔阳、右北平、辽西、辽东郡以拒胡。"[1]今存"鱼阳钣"和出土"渔阳大鼎"，可为佐证[2]。公元前225年，秦灭燕后，沿袭燕地旧制，仍设渔阳郡，是为秦三十六郡[3]之一，亦即陈胜、吴广谪戍之地。两汉遵循秦置，仍设渔阳，《汉书·地理志》中记载："渔阳郡，秦置。莽曰通路……县十二：渔阳，沽水出塞外，东南至泉州入海，行七百五十里。有铁官。莽曰得渔。"[4]韩安国曾屯兵于此，抗击匈奴[5]。内蒙古宁城县黑城古城址出土的"渔阳太守章"封泥[6]、湖南长沙望城坡西汉王后墓中出土的题凑、耳杯、盂等均凿刻或锥刻"渔（鱼）阳"[7]，可为佐证。《后汉书·郡国志》中所记与之相近[8]。有儿童竹马之颂的郭伋[9]、享去职折辕之誉的张堪均曾于此担任郡守[10]。两汉之际，有新莽政权，但只改渔阳郡县之名，即郡称通路，县作得渔。

《史记正义》中引《括地志》云："渔阳故城在檀州密云县南十八里，在渔水之阳也。"[16]则又可据相邻城址（密云县城）而定。《明一统志》中即记载："渔阳城在密云县西南。"[17]《长安客话》中记载："蓟州古渔阳郡，以在渔山之阳，故名。"[18]《天府广记》中记载："鱼山在蓟州城西北三里，高百余丈，周五里，郡在此山之南，故曰渔阳。"[19]则又提出了渔阳为"渔（鱼）山之阳"一说。

按《水经注》记载，沽水所经颇为重要。沽水，今称白河，源自塞外丹花岭，当位于渔阳郡城的西侧，渔水和螺山水均为沽水的支流，当位于渔阳郡城的南部。还有鲍丘水，今称潮河，出自御夷北塞，应位于渔阳郡城的东侧。也就是说，渔阳郡城夹于沽水和鲍丘水之间，在这一区域沽水与鲍丘水均由北向南流动，东西平行。

依据上述史料探寻渔阳郡城，有一点需要特别注意，即水系的变动（尤其是河道方向改变而名称未变）、山名的变动等都会对后来的研究造成影响，因此更需谨慎对待。

（三）以往的考古发掘成果

渔阳郡城的具体方位，史书记载语焉不详，颇多含混；学者认识分歧较多，尚难统一。因而，需要考古提供实证，即以"地下之新材料"来辨别、证实传世之史料，舍此之外，别无他途。从考古、考古学研究和遗址性质而言，渔阳郡城属于古代城址，其首要标志和基本构成当属城墙。因此，城墙可定为第一标准；渔阳郡治为郡城，需兼顾城墙的规模与形制。具有一定数量的、相当密集度的、与城址共时的、与城址规模相当且与城市功能相关的遗迹、墓葬可设为第二标准。探寻渔阳郡城，若同时符合这两个标准，当属最佳；退而求其次，只要符合第一标准即可；再次，则需符合第二标准。

渔阳郡城最主要的年代集中在战国至两汉时期。从目前所知的考古发现来看，有城墙且附近有较为集中的战国至两汉时期遗迹、墓葬的区域只有怀柔旧县城一带。

在怀柔旧县城西的龙山北面高坡上曾有一段东西走向的夯土城墙，城墙南面发现一处汉代钱币铸造遗址。该遗址南北长80米，东西宽50米，从路旁的断崖上可以看出木炭灰的堆积和遗址断层。该遗址内出土有汉代大板瓦、"千秋万岁"瓦当、陶罐、盆残片和冶炼铁渣等[20]。在出土的40余块钱范中，有10块刻有隶书"五铢"二字，字迹清晰规整，可能是一处铸钱作坊。此外，在怀柔县城还发现过战国"明刀"[21]。

1958年修建怀柔水库时，怀柔县文化馆在工地采集到五件战国时期的青铜器，鼎1、豆2、壶2，鼎、豆的花纹精细，壶上为红铜镶嵌的狩猎纹。这五件器物应是同一座墓中的随葬品[22]。

1959年修建怀柔水库，在怀柔县北门外一带取土时，发现了大批陶器和一些铜器、铁器。这一带是战国至东汉时期的墓葬区，由于取土和雨水冲刷，墓葬大多暴露于地表上，器物多散布于地面各处。出土器物中以两件铜豆最为精美，器形与昌平区松园村战国墓出土的陶豆完全相同，盖上的3个纽作兽足状[23]。

1959年11月至1960年2月底，北京市文物工作队在怀柔城北发掘了53座东周至两汉时期的墓葬，其中东周墓葬23座、西汉墓葬21座、东汉墓葬9座。另外在墓地内还发现了瓮棺葬及瓦棺葬[24]。

1959年至1970年，在怀柔旧县城内及周围陆续发现燕国刀币，具体地点有文教局、东北角居民区、服装厂等几处[25]。

1985年，在龙山街道府前街清理了一座战国时期的竖穴土坑墓，出土了鼎、豆、壶、盘、匜等陶器。1990年在府前西街的怀柔一中内清理了4座战国时期的竖穴土坑墓，出土青铜鼎、豆、盘、匜、剑、戈和陶器等[26]。

20世纪50年代至90年代的考古发掘

和发现,时代集中在战国至两汉,地点多分布于县城北部与西部。城墙、窖藏、作坊和墓葬,在时间和空间上相近,且与城址的规模、功能等颇相吻合。另外,在怀柔城北发掘的东汉墓葬中,M31出土一块铺地砖上刻有隶书十九字:"吾阳成北干无不为孝廉,河东公府掾史五曹治"。"古鱼吾同音"[27],上古音中,"鱼"和"吾"的韵均属"鱼部"[28],则"吾阳"即为"鱼阳"。"渔阳"写作"鱼阳",在墓志中常见[29]。该墓的具体位置和出土铭文砖所记,为渔阳郡城的确认提供了较为有力的证据。而怀柔区境内,除旧县城及周边之外,其他区域目前没有发现集中的战国墓葬和规模较大的两汉墓葬。

因此,综合上述种种发现,考虑城址(郡城)、遗迹和墓葬的关联和对应,我们初步认为怀柔旧县城一带有可能是战国至两汉时期渔阳郡治所的所在地。

四、渔阳郡城考古工作的展望

此次考古调查与初步钻探,基本明确了郑家庄村北部及周围区域是一处较为重要的汉代遗址。若要进一步确认该遗址的具体性质和功能,则需开展正式的考古工作,从而掌握遗址区内遗迹的类型、分布及关系。

若设定怀柔旧县城一带为渔阳郡城的所在地,那么郑家庄村北的遗址与渔阳郡城的关系如何,则需要更大范围的考古工作加以确定。可以以郑家庄村北部为参照点,向西进行持续的考古调查和钻探。

若设定渔阳郡城位于怀柔旧县城一带,那么需要针对该区域进行考古工作,至少要通过考古勘探发现汉代的城墙遗迹并了解城址的范围与规模,尽管该区域目前已经都是现代建筑,可以开展考古的条件非常有限。

执笔:孙勐、魏然、白岩
绘图:马伯陶
照相:王宇新

---

① 《史记·匈奴列传》,中华书局,1963年,第2886页。

② 后晓荣、陈晓飞:《考古出土文物所见燕国地名考》,《首都师范大学学报》2007年第6期。

③ 《史记·秦始皇本纪》,中华书局,1963年,第239页。

④ 《汉书·地理志》,中华书局,1964年,第1623页。

⑤ 《史记·韩安国传》,中华书局,1963年,第2864页;《汉书·窦田灌韩传》,中华书局,1964年,第2406页。

⑥ 冯永谦、姜念思:《宁城县黑城古城址调查》,《考古》1982年第2期。

⑦ 长沙市文物考古研究所、长沙简牍博物馆:《湖南长沙望城坡西汉渔阳墓发掘简报》,《文物》2010年第4期。

⑧ 《后汉书·郡国志五》,中华书局,1965年,第3528页。

⑨ 《后汉书·郭伋传》,中华书局,1965年,第1091页。

⑩ 《后汉书·张堪传》,中华书局,1965年,第1101页。

⑪ 《旧唐书·地理志二》,中华书局,1975年,第1515—1516页。

⑫ (宋)乐史:《太平寰宇记·蓟州》,中华书局,2007年,第1414—1415页。

⑬ (唐)李吉甫:《元和郡县图志》,中华书局,2008年,第1049页。

⑭ (北魏)郦道元著、(清)王先谦校:《合校水经注·沽水》,中华书局,2014年,第220页。

⑮ (北魏)郦道元著、(清)王先谦校:《合校水经注·鲍丘水》,中华书局,2014年,第220—221页。

⑯ 《史记·陈涉世家》,中华书局,1963年,第1950页。

⑰ (明)李贤等:《大明一统志·顺天府》,三

秦出版社，1990年，第14页。

⑱（明）蒋一葵：《长安客话·畿辅杂记》，北京古籍出版社，1982，第103页。

⑲（清）孙承泽：《天府广记·岩麓》，北京古籍出版社，1982年，第511页。

⑳ 北京市文物局：《北京文物地图集》下册，科学出版社，2009年，第385页。

㉑ 赵光林：《北京市发现一批古遗址和窖藏文物》，《考古》1989年第2期；高桂云：《怀柔县汉代铸钱遗址的发现》，《首都博物馆丛刊（11）》，地质出版社，1997年；高桂云：《北京怀柔汉代铸钱遗址》，《中国钱币》1999年第2期。

㉒㉔ 北京市文物工作队：《北京怀柔城北东周两汉墓葬》，《考古》1962年第5期。

㉓ 苏天钧：《北京地区发现辽金时代文物》，《文物》1959年第10期。

㉕ 北京市文物研究所：《北京考古四十年》，北京燕山出版社，1990年，第64页。

㉖ 北京市文物局：《北京文物地图集》下册，科学出版社，2009年，第388页。

㉗ 王国维：《观堂集林·鬼方昆夷猃狁考》，中华书局，1999年，第598页。

㉘ 唐作藩：《上古音手册》，中华书局，2018年，第164、192页。

㉙ 陈瑞青、吴玉梅：《〈北齐尔朱世邕墓志铭〉考释》，《文物春秋》2010年第1期。

静宜园香山寺遗址考古发掘简报

北京市文物研究所

2011年10月28日至12月10日，为配合香山公园管理处的遗址保护工作，北京市文物研究所对香山静宜园内香山寺建筑群中的部分遗址进行了考古发掘，总面积约1900平方米，主要包括七处单体建筑遗址，分别为圆灵应现殿遗址、南配殿遗址、八方亭遗址、鼓楼遗址、西佛殿遗址、接引佛殿遗址和爬山廊遗址。

一、圆灵应现殿遗址

圆灵应现殿（也称三佛殿）遗址（F1）位于香山寺建筑群的中轴线上，其西部为眼界宽殿，东侧是石屏。方向84°。F1在进行清理之前，已有少部分遗迹暴露于地表。整个建筑遗址基本开口于现代土层下，距地表深0.1～0.3米。

F1平面呈长方形，坐西向东，南北长39.38米，东西宽20米（图一、图二）。该遗址四周的台明为近现代重新修建而成，但仍旧处于清代的位置之上。台明为青石条砌筑，长0.9～2.13米，宽0.7米，其中东南角的台明已被破坏。该建筑遗址平面上的西半部和西北部被现代建筑基础、近代墙基及近代杂土坑破坏较为严重，大部分铺地砖已无存。现存铺地砖的规格为：长0.5米、宽0.49米、厚0.07米。

在F1建筑遗址平面上由东向西共分布六排柱顶石，每排由南向北现存2～8个柱

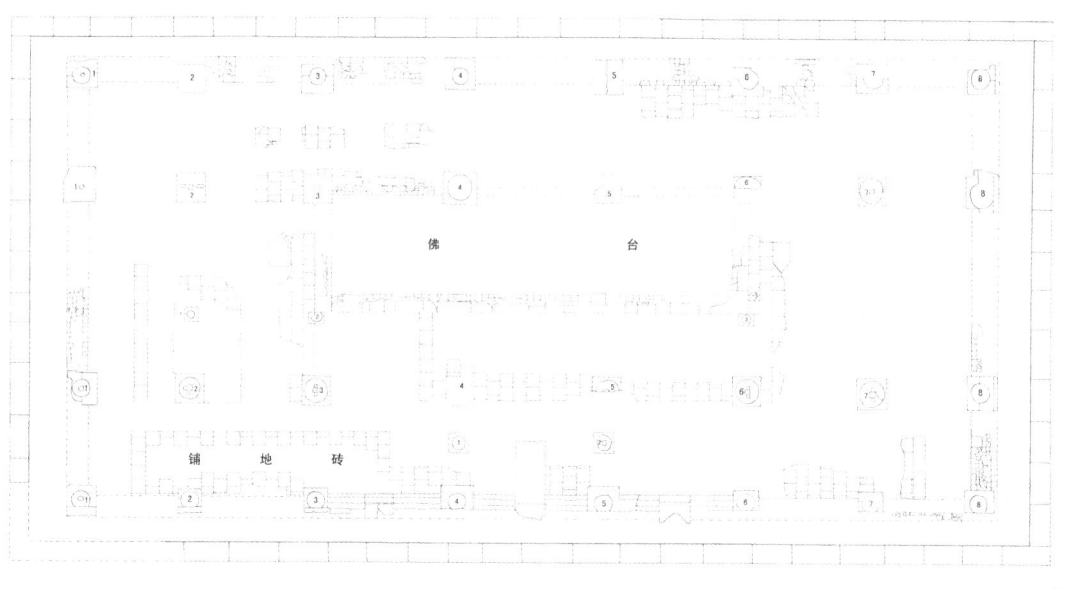

图一 圆灵应现殿遗址平面图

考古研究

图二 圆灵应现殿遗址全景（由北向南）

顶石不等。

第一排均为长方形，由南向北分布8个柱顶石。

1号柱顶石位于F1台基平面的东南角，南距台基边2.14米，东距台基边1.65米。南北长1.14米，东西宽0.75～0.83米；鼓镜南北0.64米，东西0.54米，高0.1米；中间柱孔为圆形，直径0.16米，深0.16米。

2号柱顶石南距1号柱顶石3.08米，南北长0.87米，东西宽0.67米；鼓镜南北0.64米，东西0.59米，高0.1米。

3号柱顶石南距2号柱顶石3.88米，南北长0.9米，东西宽0.72米；鼓镜南北0.64米，东西0.5米，高0.12米。

4号柱顶石南距3号柱顶石4.3米，南北长1.2米，东西宽0.82米；鼓镜南北0.64米，东西0.54米，高0.12米。

5号柱顶石南距4号柱顶石4.3米，南北长1.19米，东西宽0.82米；鼓镜南北0.64米，东西0.5米，高0.12米。

6号柱顶石南距5号柱顶石4.32米，南北长0.92米，东西宽0.7米；鼓镜南北0.64米，东西0.52米，高0.09米。

7号柱顶石南距6号柱顶石3.6米，南北长0.93米，东西宽0.7米；鼓镜南北0.64米，东西0.54米，高0.09米。

8号柱顶石南距7号柱顶石3.15米，南北长1.12米，东西宽0.79米；鼓镜南北0.64米，东西0.56米，高0.1米。

第二排柱顶石东距第一排1.23～1.27米，由南向北分布2个柱顶石。

1号柱顶石南距台基边16.52米，东距第一排4号柱顶石1.27米。该柱顶石平面呈方形，边长0.73米；鼓镜平面为圆形，直径0.54米，高0.07米。

2号柱顶石南距1号柱顶石4.75米，东距第一排5号柱顶石1.23米。鼓镜平面为圆形，直径0.54米，高0.075米；中间柱孔为圆形，直径0.15米，深0.06米。

第三排柱顶石东距第一排3～3.18米，由南向北分布8个柱顶石。

1号柱顶石南距台基边2.17米，东距第一排1号柱顶石2.95米。该柱顶石东西长1.21米，南北宽1.14米；鼓镜平面为圆形，直径0.64米；中间柱孔为圆形，直径0.16米，深0.16米。

2号柱顶石南距1号柱顶石2.98米，平面呈方形，边长1.07米；鼓镜平面为圆形，直径0.74米，高0.08米；鼓镜中间有三个长方形孔，中部孔长0.19米，宽0.18米，深0.21米；南侧孔长0.15米，宽0.12米，深0.08米；东侧孔长0.15米，宽0.12米，深0.08米。

3号柱顶石南距2号柱顶石3.7米，平面呈方形，边长1.06米；鼓镜平面为圆形，直径0.64米；中间柱孔为长方形，长0.22米，宽0.18米，深0.16米；东边小槽长0.2米，宽0.13米，深0.08米；西边小槽长、宽同东边。

4号柱顶石南距3号柱顶石4.3米，该柱顶石仅残留痕迹，平面呈方形，边长1.06米。

5号柱顶石南距4号柱顶石4.42米，其半部已被破坏，南北长0.85米，东西残宽0.55米；鼓镜南北0.56米，残宽0.26米；

中间柱孔南北0.17米，东西残宽0.08米，深0.04米。

6号柱顶石南距5号柱顶石4.28米，平面呈方形，边长1.06米；鼓镜平面为圆形，直径0.64米，高0.07米；中间有一个长方形柱孔，长0.2米，宽0.19米；中部有一道东西向小槽，长0.8米，宽0.12米。

7号柱顶石南距6号柱顶石3.64米，平面呈长方形，长1.15米，宽1.12米；鼓镜平面为圆形，部分残损，直径0.64米，高0.07米；中间柱孔为方形，边长0.19米，深0.2米；中部有一道东西向小槽，长0.73米，宽0.13米。

8号柱顶石南距7号柱顶石3.1米，平面呈长方形，东西长1.26米，南北宽0.98米，南半部平面低于北半部平面0.09米；鼓镜平面为圆形，直径0.65米，高0.09米。

第四排柱顶石东距第三排1.9~1.95米，由南向北现存3个柱顶石。

1号柱顶石南距台基边6.56米，东距第三排2号柱顶石1.9米，平面呈方形，边长0.57米。

2号柱顶石南距1号柱顶石4.2米，平面呈长方形，南北长0.56米，东西宽0.43米。

3号柱顶石南距2号柱顶石15.6米，平面呈长方形，南北长0.52米，东西宽0.44米。这三件柱顶石的鼓镜平面均为圆形，直径0.26米，高0.09~0.1米。

第五排由南向北分布8个柱顶石。

1号柱顶石南距台基边2.1米，东距第三排1号柱顶石6.28米，长1.25米，宽1.1米；中间柱孔为圆形，直径0.17米，深0.06米。

2号柱顶石南距1号柱顶石3.03米，平面呈方形，边长1.08米；中部有一方形柱孔，边长0.2米，深0.12米。在柱孔的南、北两侧各有一长方形小槽，南侧小槽的北边距柱孔0.1米，南北长0.25米，宽0.12米，深0.01米；北侧小槽的南边距柱孔0.1米，南北长0.3米，宽0.13米，深0.01米。

3号柱顶石南距2号柱顶石3.7米，平面呈长方形，东西长1.08米，南北宽1.06米；中部柱孔为方形，边长0.2米，深0.15米。该柱顶石表面尚保留有鼓镜痕迹，直径1.03米。

4号柱顶石南距3号柱顶石4.2米，平面呈长方形，南北长1.3米，东西宽1.2米。该柱顶石表面尚保留有鼓镜痕迹，直径1.03米。

5号柱顶石南距4号柱顶石4.3米，其西半部已被破坏，南北长1.1米，东西残宽0.4~0.65米。

6号柱顶石南距5号柱顶石4.2米，其东部已被破坏，南北长1.03米，东西残宽0.45米。

7号柱顶石南距6号柱顶石3.75米，平面呈方形，边长1.08米。该柱顶石表面尚保留有鼓镜痕迹，直径1.03米；中部有一方形柱孔，边长0.2米，深0.13米；柱孔北侧有一道长方形小槽，南北长0.35米，东西宽0.13米，深0.01米。

8号柱顶石南距7号柱顶石3.1米，东西残长1.5米，南北残宽1.23米。鼓镜平面为圆形，直径0.95米，高0.09米。

第六排柱顶石东距第五排柱顶石2.95~3.09米，由南向北分布8个柱顶石。

1号柱顶石南距台基边2.1米，西距台基边1.58米，平面呈长方形，南北长1.18米，东西宽1.04米；鼓镜平面为圆形，直径0.65米，高0.09米；中间有一圆形柱孔，直径0.16米，深0.13米。

2号柱顶石已被破坏，未留痕迹。

3号柱顶石北距4号柱顶石4.2米，平面呈长方形，南北长1.25米，东西宽1.03米；鼓镜平面为圆形，直径0.64米；鼓镜西部和柱顶石处于同一个平面，东部高出柱顶石底部0.08米。

4号柱顶石南距3号柱顶石4.2米，平面呈方形，边长1.15米；鼓镜平面为圆形，直径0.64米，高0.1米。

5号柱顶石北边南距4号柱顶石5.54米，其南部已被破坏，东西长1.3米，南北残宽0.6米。

6号柱顶石南距5号柱顶石4.1米，其西北部被破坏，南北长1.2米，东西宽1.04米。该柱顶石平面上东部残留有鼓镜痕迹，为圆形，直径0.72米；西部为长方形，南北残长0.68~0.88米，东西宽0.42米。

7号柱顶石南距6号柱顶石3.55米，平面呈长方形，南北长1.15米，东西宽1.07米。该柱顶石平面上东部残留有鼓镜痕迹，南北径长0.77米；西部为长方形，南北长1.2米，东西宽0.4米。

8号柱顶石南距7号柱顶石3.1米，部分已被损坏，平面为近似长方形，南北长1.07米，东西宽0.92米。该柱顶石平面尚残存鼓镜痕迹，为圆形，直径0.72米。

根据以上柱础石的数量和位置、柱网分布和建筑体量可知：圆灵应现殿遗址原为一处面阔七间，进深三间的建筑。分一明间、两次间、两再次间和两梢间，进深三间。明间南北宽5.5米，南北两次间各宽5.35米，南北再次间各宽4.75米，南北梢间各宽4.2米。一层间进深4.15米，二层间进深7.5米，三层间进深4.15米（均以柱顶石的中心为基准点进行计算）。

明间中部残留门槛石条。门槛石条位于第一排4、5号柱顶石之间，为东西向，东西残长2.9米，宽1.08米。南、北次间各残留门槛石条，以北次间为例：门槛石条位于第一排5、6号柱顶石之间，门槛石中部铺一石板，呈东西向，东西残长0.65~1.03米，宽1.15米。门槛上均残留有门槛痕迹，宽0.2米。

F1的中部偏西有一处长方形佛台遗存。佛台南端基础边南距台基边11.5米，东距台基边9.17米。佛台遗存南北长16.37米，东西宽4.65米，由东、西、南、北四道基础组成。

东基础：南北长16.37米，宽0.65米。砌筑方法为，内用青砖残块加三合土南北向砌筑，外用石条砌边。石条长0.4~2.24米，宽0.28~0.59米。

西基础：仅残留南部一段。由第五排3号柱顶石向北，残长3.85米，残宽0.35米，用青砖残块加三合土砌筑。

南基础：西部已被破坏，东西残长1.65米，宽0.63米。砌筑方法同东基础。砌边石条长0.72~0.76米，宽0.43米。

北基础：西部已被破坏，东西残长1.63米，宽0.63米。砌筑方法同南基础。砌边石条长0.75~0.9米，宽0.25~0.38米。佛台内仅残留部分三合土。

在佛台南、北两侧各残留一块平面为不规则形状的石板。南侧石板位于佛台南端中部，相距0.9米，东西长0.8~1.25米，宽0.8米；北侧石板位于佛台北端中部，相距0.9米，东西长0.73~1.1米，宽0.63米。

F1的墙基因遭后期破坏，残存情况不同。南墙基仅残留中部的一小段，由第二排1号柱顶石西侧向西残长3.17米，墙基南部被近代基础破坏，残宽0.77米。北墙基仅残留东半部，东西残长6.13米，宽0.95米。东墙基仅残留北端底部痕迹，残长4.45米，残宽0.75米。西墙基仅残留南部的一部分，南北残长8.2米，宽0.95~0.97米。墙基均用青砖、砖块加三合土砌筑，用砖规格为长0.34~0.41、宽0.17~0.2、厚0.08~0.09米。

二、南配殿遗址

南配殿遗址（F2）位于香山寺建筑群中轴线的南侧、圆灵应现殿遗址（F1）的东南侧、欢喜园的北侧。方向352°。F2南基础边南距欢喜园北台基边13.15米，东至山体边缘，北距现存北配殿南台基55.9米。F2开口于现代土层下，距地表深0.1~0.15米。

F2平面为长方形，坐南朝北（图三）。根据考古发掘，初步判断现存的北

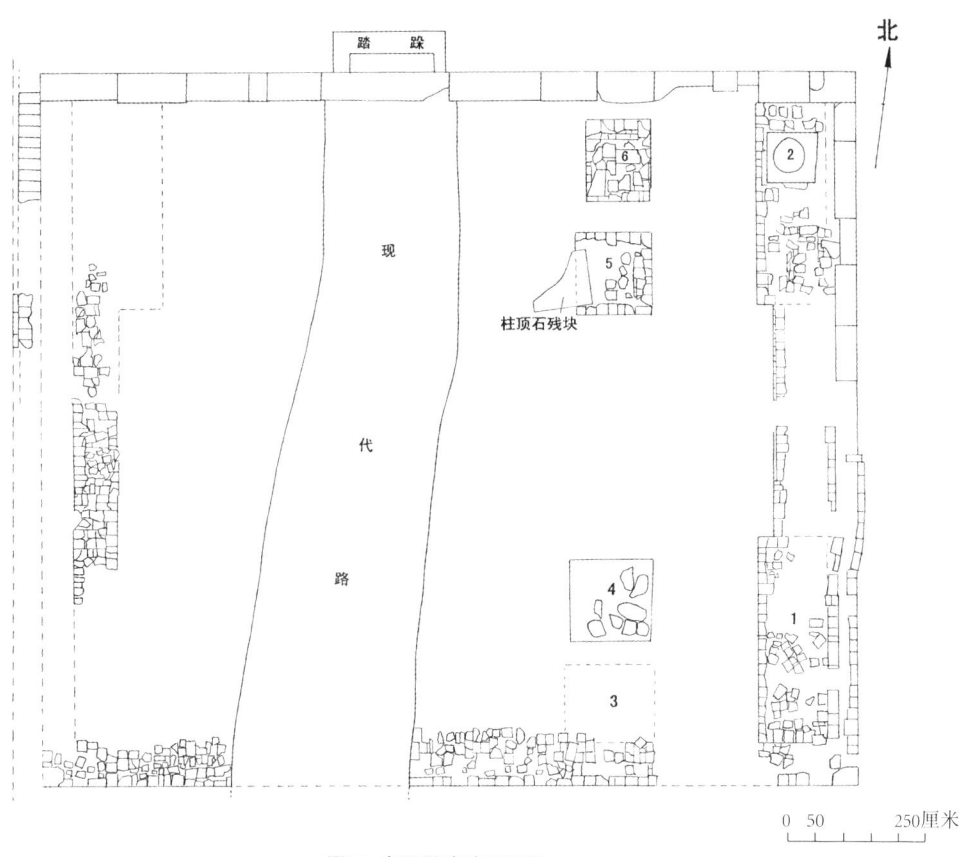

图三 南配殿遗址平面图

侧台明和东侧台明的北部为后期在原来位置上修整过，南侧台明和西侧台明因破坏严重仅残留底部。经清理，F2的大体轮廓基本清楚，东西长15.15米，南北宽12.95米。台基平面上的中部被叠压于一条南北方向的现代道路之下，因此未做考古发掘。东部台面上尚残留有6个磉墩，西部由于破坏严重，未发现磉墩痕迹。

1号磉墩为双联磉墩，位于F2的东南角，南距台基边0.78米，东距台基边0.55米。磉墩平面呈长方形，南北长3.73米，东西宽1.3米，残存高度为0.6~0.75米，用青砖残块加三合土砌筑而成。

2号磉墩为双联磉墩，位于F2的东北角，南距1号磉墩4.23米，东距台基边0.55米。磉墩平面呈长方形，南北长3.65米，东西宽1.3米，残存高度为0.45~0.85米。此磉墩北部残留一柱顶石，平面为长方形，长0.95米，宽0.9米；平面上刻有圆形鼓镜痕迹，直径0.6米。

3号磉墩仅存残留痕迹，东距台基边0.78米，东距1号磉墩1.93米，北距4号磉墩0.4米。残存痕迹为长方形，东西长1.68米，南北宽1.4米。

4号磉墩南距3号磉墩0.4米，东距1号磉墩2米。磉墩平面呈方形，边长1.5米，仅残留底部石块基础。

5号磉墩南距4号磉墩4.45米，东距2号磉墩1.95米。磉墩平面呈长方形，南北长1.48米，东西宽1.42米，仅残留底部，用青砖残块加三合土砌筑而成。

6号磉墩南距5号磉墩0.56米，东距2号磉墩1.95米。磉墩平面呈长方形，南北长1.5米，东西宽1.2米，仅残留底部基础，用青砖残块加三合土砌筑而成。

以上磉墩仅残留在F2的东部位置上，且保留情况比较差，所以尚不能确认F2的面阔、间数和进深情况。

经过清理，大体可以确认墙基的基本情况。

东墙基：总宽1.55米（含台明基础），砌法为青砖残块加三合土错缝平砌，中部用残砖碎块填充。

西墙基：已被破坏至底，残存痕迹宽0.6米。墙基由于晚期破坏，仅残留中部一段，南北残长6.2米，东西宽0.85米。此基础打破并叠压早期三个柱顶石之上。南、北两端的磉墩已被破坏，未留痕迹。

南墙基：中部被一条现代道路叠压，无法进行考古发掘，北侧被电缆线破坏。残宽1.1米（含台明基础），砌法与东边墙基相同。在该墙基的东、西两端各残留有一件转角石，东转角石东西长0.47米，南北宽0.33米；西转角石东西长0.4米，南北宽0.35米。

北墙基：已遭后期严重破坏，未留痕迹。现存为后期重新修整过的台明，宽0.52米，以台明外侧东围墙下的散水面计算，北台明高1.25米。

F2整个台基平面的铺地砖无留痕迹，仅在西台基外侧北部残留一段散水。南北残长4.65米，东西宽0.5米。用青砖东西向砌筑，外用青砖包边。用砖规格为：长0.4、宽0.2、厚0.1米。在F2台基中部北侧偏西的地方有一个后期修整过的踏跺，踏跺西边西距台基西北角5.45米，东边东距台基东北角7.6米。踏跺东西长2.1米，南北宽0.75米。

三、八方亭遗址

八方亭遗址（F3）位于香山寺建筑群中轴线的南侧，东南邻鼓楼遗址（F4），西南邻南配殿遗址（F2）。方向352°。F3开口于现代土层下，距地表深0.1~0.3

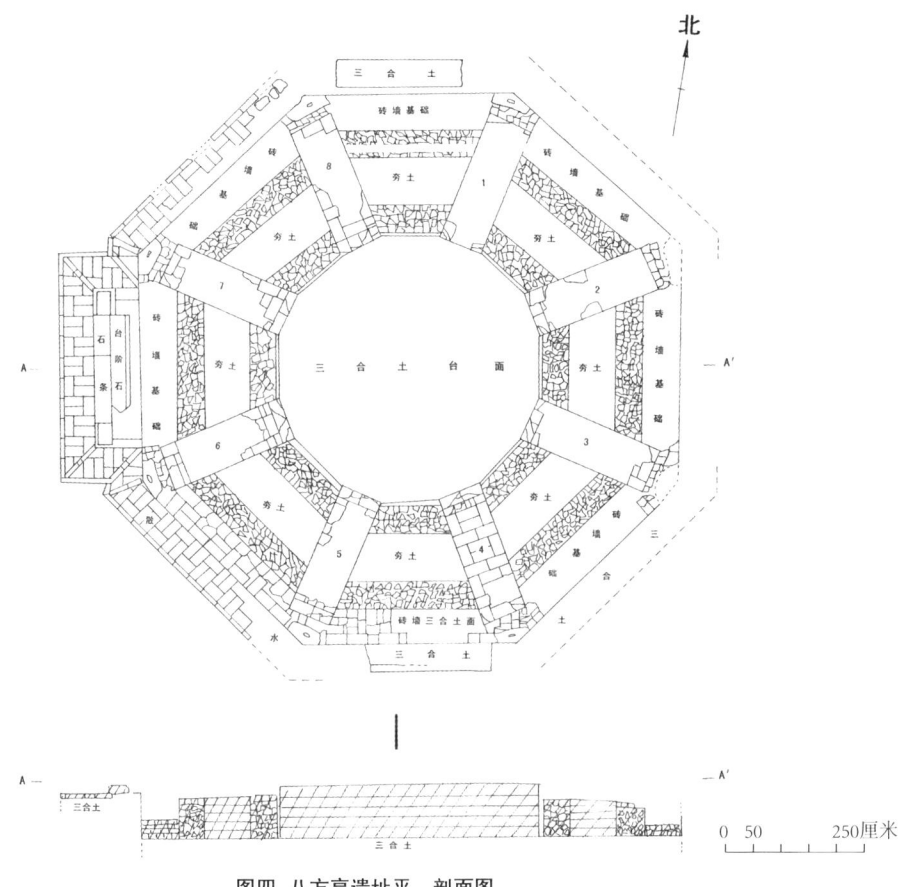

图四 八方亭遗址平、剖面图

图五 八方亭遗址全景（由西北向东南）

制较小。柱顶石上部均为八角形，底部为长方形。大柱顶石上部八角边长0.3～0.32米，对角线长0.85米，厚0.1～0.2米。鼓镜为近似圆形，直径0.38～0.4米；中心有圆形柱窝，直径0.1～0.14米，深0.08～0.13米。大柱础石的底部为0.85×0.9米，厚0.1～0.2米。小柱顶石上部八角边长约0.25米，对角线长0.7米，厚0.15米。鼓镜为近似圆形，直径0.38～0.4米，中心圆形柱窝的直径为0.13米，深0.11米。小柱顶石底部为0.7×0.75米，厚0.12米。

米。

F3平面呈八角形，主要由内部三合土圆形台基遗迹和外部扇形基础与长方形柱础坑构成。八角形建筑遗址的边长3.6～3.7米，对角线长11.8米。F3的基础由内向外分别为三合土圆形台基遗迹、柱础坑、拦土墙基础、台明基础、转角石、台阶和散水等（图四、图五）。

三合土台基遗迹：位于F3的中心，为圆柱状，平面直径为5.2～5.3米，台面平整，土质坚硬。从位于其外侧的双联磉墩坑的剖面可以明显看出，该台面向下深1～1.05米，共由五层三合土夯筑而成，每层三合土的厚度基本相同，约为0.2米。

柱础坑：均位于三合土台基外侧，共有8个，形制、大小相同，平面均呈长方形，长2.7米，宽0.9米。柱础坑已遭到不同程度的破坏，按顺时针编号1～8号。柱础坑残存深度为0.5～1米。其底部为三合土，平面上或残存有青砖痕迹，或保留有少量青砖。青砖的规格为：长0.44、宽0.2、厚0.1米。坑底内侧距三合土台基平面1～1.05米。从柱础坑的形制来看，初步推断其内原为双联磉墩（图六）。

柱础坑内，磉墩的青砖已多被破坏，柱顶石已遭破坏或被移位，共清理出9件，其中7件形制较大，另外2件形

拦土墙基：位于三合土台基的外围，有两道拦土墙连接双联磉墩。两道拦土墙基均由石块、三合土砌成，宽度均为0.55米。两道墙基之间为黄褐色土，内含残碎小石块、少量白灰，夯筑而成，夯

图六 柱础坑

土高0.95～1米，共有五层夯土，每层厚0.15～0.2米。拦土墙西部5～6号柱础坑之间拦土墙面上有三合土台面。

转角石及台明基础：位于拦土墙的外围、柱础坑的外部，等距离分布有8个转角石，转角石的编号与柱础坑相同，按顺时针编号为1～8号，其中2、3号被破坏移位，4号由于柱础坑坑边被破坏，整个暴露在外部，其他转角石均为原位。转角石平面呈扇形，长0.76米，宽0.4米，高1.15米。转角石的顶部中间均有榫，榫长0.14米，宽0.07米，高0.05米（图七）。台明基础的外墙边，连接每个转角石的角处形成八角形。墙宽0.65～0.7米。由于被破坏，台明高度不清，墙的外边用青砖平砌，里边和内侧用残砖块和白灰填充。用砖规格为：长0.43米、宽0.22米、厚0.1米。墙基面与外围散水处于同一平面，深0.9米，转角石高于散水0.2米。

散水：位于八方亭的周围，大部分

图八　西侧的台阶遗存

已被破坏，仅残存西部散水。散水宽0.7米，用青砖两横一竖错缝平铺，用立砖包边。砖长0.4米、宽0.2米、厚0.1米。散水砖下为三合土铺底，散水面低于中间三合土台基面0.05～0.1米。

台阶：在八方亭遗址的北部和西部各有台阶一处。北部台阶已被完全破坏，仅存底部条石与三合土痕迹，东西长2.6米，宽0.55米。西部仅留一步台阶（图八），台阶石南北残长1.9米，宽0.42米。台阶石的南、北两侧各有小石条包边，南部长0.58米，宽0.2米；北部长0.5米，宽0.22米。台阶石与散水同平面，平铺一块石条，南北长3.17米，宽0.32米，两边石条上各有一个长0.46米、宽0.3米、深0.02米的槽。石条外即为散水。

另外，位于八方亭的南部4、5号柱础坑之间，台明基础外部有一处三合土平面，长2.6米，宽0.4米。三合土外部西侧残留一块长0.7米、宽0.15米的石块。该处是否为台阶遗迹未能确定。

四、鼓楼遗址

鼓楼遗址（F4）位于香山寺建筑群的中轴线南侧，南邻双清别墅，西部为南配殿遗址。方向354°。F4开口于现代土层下，距地表深0.3～1米。

F4平面呈正方形，边长6.4米，坐南朝北（图九、图一〇）。该遗址的四角各有一个柱顶石。西北角柱顶石西距台基边0.8米，北距台基边0.75米，该柱顶

图七　转角石

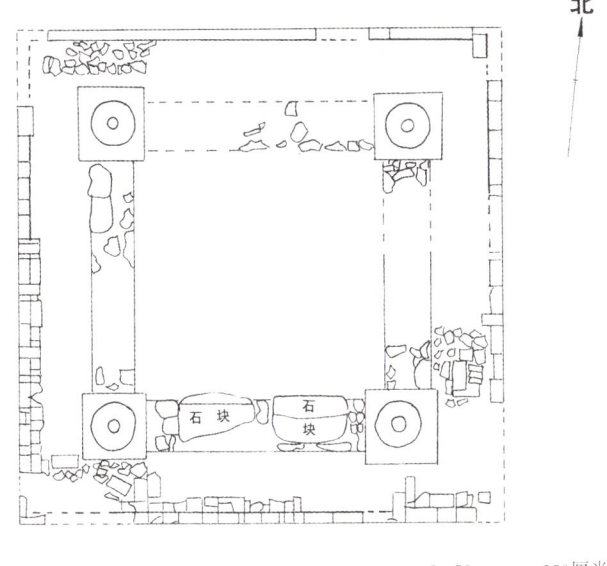

图九 鼓楼遗址平面图

图一〇 鼓楼遗址全景（由西向东）

石平面为长方形，南北长0.97米，东西宽0.89米。东北角柱顶石西距西北角柱顶石3米，北距台基边0.85米，该柱顶石平面为长方形，东西长0.88米，南北宽0.85米。东南角柱顶石北距东北角柱顶石2.98米，西距西南角柱顶石2.88米，该柱顶石平面呈正方形，边长0.98米。西南角柱顶石东距东北角柱顶石2.88米，北距西北角柱顶石3米，该柱顶石平面呈正方形，边长0.85米。四个柱顶石的鼓镜平面均为圆形，直径0.59~0.6米，高0.08米；中间有一圆形柱孔，直径0.16米，深0.15米。

F4四周尚残存有台明基础。

东台明基础：其中部和南、北两端已被破坏，残存宽度为0.95~0.98米，残高0~0.28米。内用小残石块、残砖块加三合土填砌，外用青砖包边。用砖规格：长0.29~0.39米、宽0.14~0.17米、厚0.08米。

西台明基础：其北端已被破坏，南端残留转角石，由两块组成。南侧东西长0.38米，宽0.07~0.12米；西侧南北长0.32米，宽0.09米，残存高度为0~0.58米。砌法与东台明基础相同。

南台明基础：其东端和西端分别被破坏，砌法同上，残存高度为0~0.58米。

北台明基础：其东、西两端均已被破坏，中部破坏也比较严重，砌法同其他三边，残存高度为0~0.21米。

这四道台明基础的内侧分别和四道拦土墙墙基相连，墙基的宽度为0.6~0.63米，用虎皮石加三合土砌筑而成。

F4内部的建筑基础被近现代树坑等破坏。基础内填残石块和砖块，经夯打，残高0.5米，可以分为两层，每层厚0.25米。

在F4台基外侧没有发现门道或者散水的痕迹。

F4的基础修建在同一平面上，底部为山体石，用三合土垫底找平，三合土厚薄不均，厚0.03~0.12米。

五、西佛殿遗址

西佛殿遗址（F5）位于香山寺建筑群的中轴线上，东邻接引殿遗址（F6），西部偏南为八方亭建筑遗址遗址（F3）。方向84°。F5开口于现代土层下，距地表深

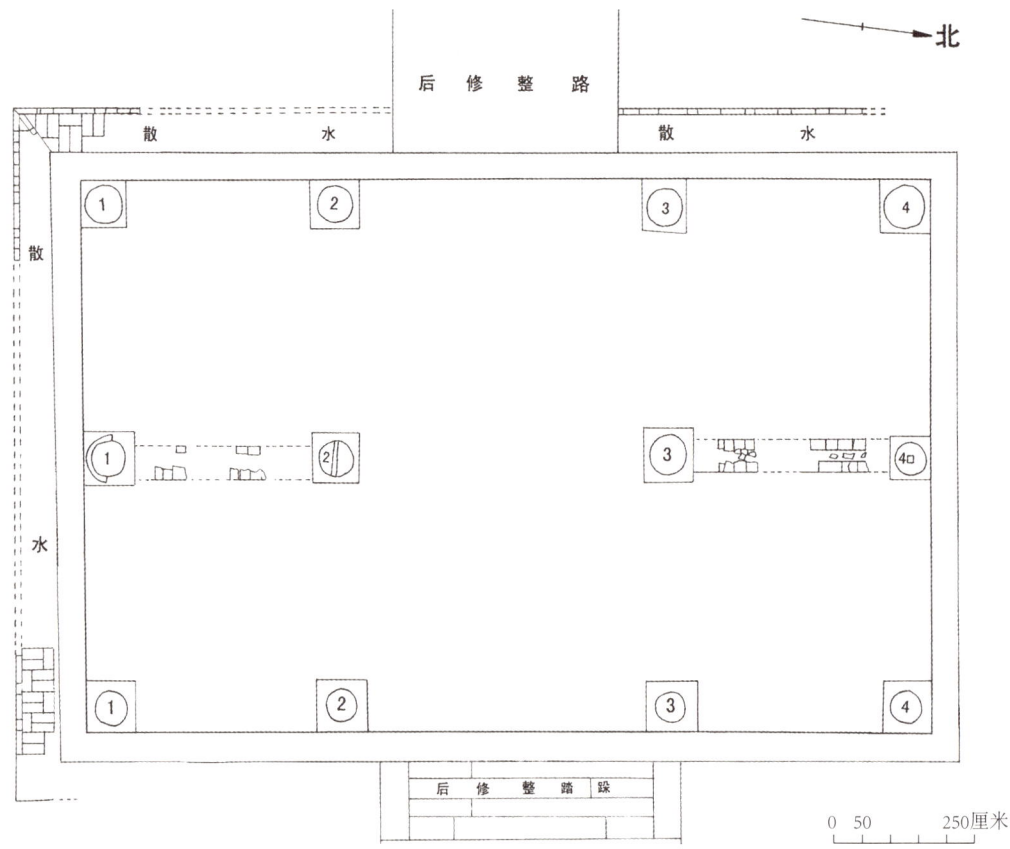

图一一 西佛殿遗址平面图

图一二 西佛殿遗址全景（由西南向东北）

0.2米。

F5平面呈长方形，坐西向东。原台明基础已被破坏，现存台明为后期重新修建。F5建筑遗址南北长17.2米，东西宽11.3米（图一一、图一二）。根据台明外侧清理出的原来散水的位置可知，现存台明的东南角向北移位0.12米；后期重新修建的东、西台明应在原来台明的位置上；北部台明外侧因破坏严重，确切位置不详。

F5四边墙基因后期破坏严重，均未留痕迹。台基平面上由东向西共分布三排柱顶石，由南向北每排四个。

第一排柱顶石均为后期新制的构件，因此原来的具体位置无法确认。由南向北依次编号。

1号柱顶石南距台基边0.52米，东距台基边0.52米。2号柱顶石南距1号柱顶石3.5米。3号柱顶石南距2号柱顶石5.27米。4号柱顶石南距3号柱顶石3.5米。

第二排柱顶石均为原来制作的构件，并处于原来的位置之上，东距第一排3.7米。由南向北依次编号。

1号柱顶石北距2号柱顶石3.5米。其平面呈正方形，边长1米；鼓镜为圆形，直径0.68米，高0.07米。

2号柱顶石南距1号柱顶石3.5米。其平面呈正方形，边长0.93米；鼓镜为圆形，直径0.67米，高0.08米。

3号柱顶石南距2号柱顶石5.4米。其平面呈长方形，东西长1米，南北宽0.95米；鼓镜为圆形，直径0.7米，高0.07米。

4号柱顶石南距3号柱顶石3.7米。其平面呈正方形，边长0.8米；鼓镜为圆形，直径0.62米，高0.08米；中间有一方形柱孔，边长0.12米，深0.08米。

第三排柱顶石东距第二排柱顶石3.75米。由南向北依次编号。

1号柱顶石南距台基边0.52米，西距台基边0.52米。其平面呈长方形，南北长0.9米，东西宽0.85米；鼓镜为圆形，直径0.73米，高0.07米。

2号柱顶石南距1号柱顶石3.53米。其平面呈长方形，南北长1米，东西宽0.85米；鼓镜为圆形，直径0.62米，高0.05米。

3号柱顶石南距2号柱顶石5.4米。平面呈长方形，东西长0.95米，南北宽0.85米；鼓镜为圆形，直径0.6米，高0.06米。

4号柱顶石南距3号柱顶石3.63米。其平面呈长方形，东西长1米，南北宽0.95米；鼓镜为圆形，直径0.84米，高0.06米。

在第二排柱顶石的1、2号柱顶石之间，3、4号柱顶石之间各残留有一道砖砌墙基，墙基的中部各被近代虎皮墙基打破。砖砌墙基宽0.6米，砌法为青砖残块加三合土南北向砌筑，残存一至二层青砖。

根据上述柱网分布和建筑体量可知，F5应面阔三间，分一明间和两次间，进深两间。明间南北宽6.35米，两次间南北各宽4.5米，一层间和两层间进深各为4.6米。以上明间、次间和进深的尺寸都以柱顶石中心计算。

四周散水：东台基外散水已遭严重破坏，仅残留南端一小段散水下的三合土基础。南北残长0.8米，东西宽0.8米。

图一三 西佛殿西侧散水（由南向北）

西台基外散水仅南端残留一段，中部已被破坏，北部仅残留散水的包边砖（图一三）。用砖规格为：长0.4～0.42米、宽0.2米、厚0.11米。南台基外散水中部被破坏，残存东、西两端，东端散水内边北距现台明基础0.12米，东西残长1.95米，南北宽0.76米；西端仅残留散水包边砖，砌法为两平一竖。用砖规格为：长0.4米、宽0.2米、厚0.1米。此段散水西高东低。北台基外散水均被破坏，未留痕迹。

整个台基上被近代房基础破坏，铺地砖未留痕迹。东台明外侧中部偏北有一个后修整过的踏跺，南北长5.7米，东西宽1.55米。踏跺南垂带边内收，距第一排2号柱顶石0.25米；北垂带边内收，距3号柱顶石0.33米。西台基外侧中部有一条后期修整的道路，向西至踏跺，路南边内收，距第三排2号柱顶石内侧边0.65米；北边内收，据3号柱顶石内侧边0.45米。

考古研究

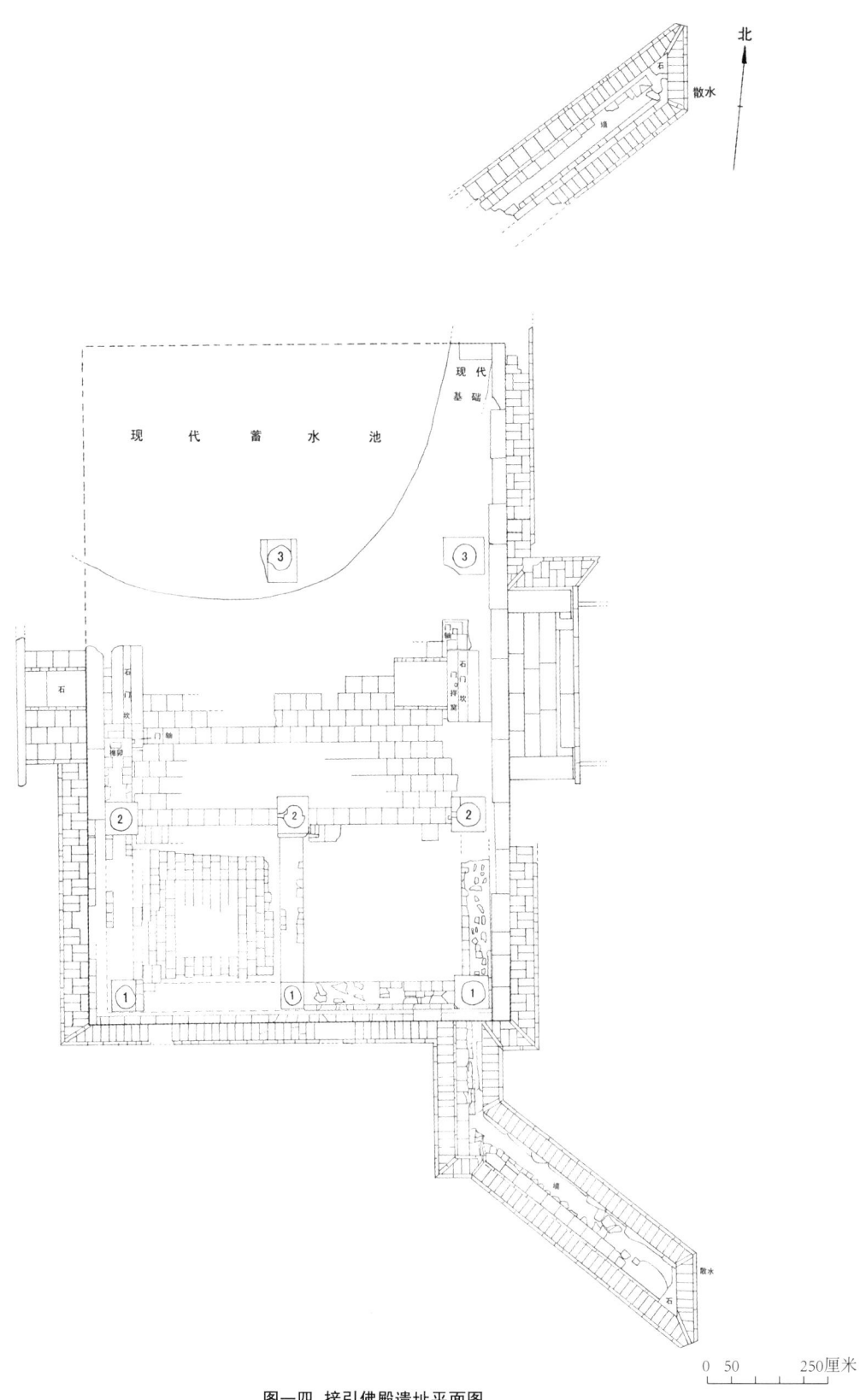

图一四 接引佛殿遗址平面图

六、接引佛殿遗址

接引佛殿遗址（F6）位于香山寺建筑群的中轴线上，东邻香云入座牌楼，西邻西佛殿遗址（F5）。方向84°。该遗址大部分开口于现代土层下，距地表深0.3米，仅有部分基址暴露于地面之上。

F6坐西朝东，其建筑基础的西北部已被一座现代修建的蓄水池破坏。F6东部的南北总长16.45米，西部残存长度为9.2米，南部的东西宽10.55米。尚残留有台明、大殿墙基、柱顶石、铺地砖、散水、八字墙等（图一四）。

现存台明为后期在原来位置上重新修整，所用石条有台阶石、栏板石等，宽窄、长短多不相同。东、西面台明宽0.45～0.5米，南面台明宽0.3米。东、西及南面东部有台明石，其他处为青砖砌起的台明基础。用砖规格为：长0.4米、宽0.2米、厚0.1米。台明东高西低，距离散水面的高度为0.16～0.8米。

大殿墙基：大殿的西北部墙基已被现代蓄水池破坏。残存的东墙、南墙和西墙的基础宽均为0.7米，高度与台明基本处在同一平面上，用青砖平砌包边。墙基中部填充砖块、石块，用三合土墁平，上部再砌砖。

柱顶石：从现存状况来看，柱顶石由东向西为三排，每排从南向北尚有二至三个不等。分述如下。

第一排：

1号柱顶石平面基本呈方形，长0.84米，宽0.83米；鼓镜为圆形，直径0.57米。

2号柱顶石平面呈正方形，边长0.84米；鼓镜为圆形，直径0.58米。石西边宽0.25米被切下，中部残留宽0.14米的方块。方块边的铺地砖上有一孔洞，长0.08米、宽0.06米、深0.1米。1号、2号柱顶石中心相距4.3米。

3号柱顶石平面呈长方形，长1米，宽0.93米；鼓镜为圆形，直径0.58米。3号中心距2号柱顶石中心6.3米。该柱顶石底部为后期填土，应为修整后大体放置原位。

第二排：

1号柱顶石平面呈长方形，长0.65米，宽0.61米；鼓镜为圆形，直径0.48米。该柱顶石高于其他石，为后期扰动所致。该柱顶石与第一排1号柱顶石中心相距4.3米。

2号柱顶石平面呈长方形，长0.9米，宽0.8米；鼓镜北部为小半圆形，南部为大半圆形，小半圆直径0.4米，大半圆直径0.54米，西部有0.1米的方块。1号与2号柱顶石之间有宽0.6米的墙基，墙基用青砖砌边，中间填白灰、瓦片、石块和砖块。2号柱顶石距1号柱顶石中心4.3米，与第一排2号柱顶石中心相距4.3米。

3号柱顶石放在现代水泥面上，为后期修整移来。平面呈长方形，长1.05米，宽0.75～0.9米；鼓镜为圆形，直径0.6米。

第三排：

1号柱顶石平面呈正方形，边长0.8米；鼓镜为圆形，直径0.56米，其东部被切下0.2米。第一排、第二排和第三排的1号柱顶石连接大殿南侧墙基，墙宽0.7米。该柱顶石距第二排1号柱顶石中心4.3米。

2号柱顶石平面呈正方形，边长0.84米；鼓镜为圆形，直径0.53米，南距1号柱顶石中心4.3米。1号、2号柱顶石中间连接大殿西墙，墙宽0.7米。2号柱顶石东距第二排2号柱顶石中心4.3米。

从柱顶石的分布情况，初步断定该殿面阔三间，进深两间。明间宽6.3米，进深前、后间各4.3米。北次间已被破坏。南次间面宽4.3米。

明间东、西两边有门道遗迹。前门（东门）残存有门基础石，总长2.47米，由两件石条组成，南石条长1.73米，宽0.78米；北石条长0.7米，残宽0.64米，石条中间有0.04米宽的缝隙。石门坎位于石条中间，残长2.12米，宽0.2米，残高0.05米。门坎西边中南部有一方窝，南北长0.08米，东西宽0.06米，深0.06米。北部石上遗留有门轴窝，南北长0.13米，东西宽0.1米，深0.02米。石门坎内铺砌有脚踏石，东西长1.31米，南北宽1.08米，南、北两边用青砖包边，砖宽0.07米。室内地面尚存青砖。前（东）门外有通宽4.58米的台阶，台阶两边垂带各宽0.45米，台阶内宽3.48米，向下共有三步踏步，踏步宽0.4米，两边垂带与第一排2号、3号柱顶石的北边、南边各内收0.4米。后门（西门）遗留门基础石，由两件石条组成，总长2.7米；北石条残长1.9米，宽0.78米；南石条东西长0.7～1米，南北宽0.6～0.8米。石条中部有石门坎痕迹。石条东部有门轴窝，长0.1米，宽0.1米，深0.05米。石条的西部有东西长0.32米、南北宽0.12米、深0.06米的凹槽（榫卯）。石门坎总长2.25米，宽0.2米，南部高0.18米，北部残高0.05米。

明间的铺地砖北部已被破坏，南部保存较好，呈东西向，共有十行，中间保存较为完整，均为方砖错缝平铺。用砖规格为：边长0.4米、厚0.06米。

南次间面宽4.3米，通深8.6米（以柱顶石中心计算）。第二排1号、2号柱顶石之间有一道墙基础，把南次间分为东间、西间。以墙基内为准：东间南北3.4米，东西3.9米，已遭严重破坏，铺地砖无存；西间南北3.4米，东西3.7米。地面上残留二层青砖，上层大部分已被破坏，仅存西部几块青砖，呈南北向平砌；底层青砖保存较好，东西3.25米，南北3.45米。用砖规格为：长0.44米、宽0.22米、厚0.09米。根据该处砖的铺砌形状，推断此处应为佛台基础。

散水：大殿四周散水，除北墙和后墙北部已被破坏，其他保存较好。前墙和后墙外的散水宽0.7～0.72米，铺法为青砖两横一竖错位平铺，用立砖包边。南墙外的散水宽0.5米，用青砖平铺，立砖包边。散水用砖规格：长0.4米、宽0.2米、厚0.1米。

八字墙位于大殿前面的南、北两侧。南墙保存较好，由南台明的东端向里进深0.7米处向南3.25～3.3米，再转直角向东0.8米，然后转向东南方向长6米。南墙的墙体已被破坏，现存墙基宽1米，底部与散水同平面。底部砌不规则的石条，墙内侧约0.5米已被破坏至底部，墙外侧0.5米，残高0.43米，用长0.43、宽0.31米的青砖砌边。共有四层，由下至上分别叙述：

第一层厚0.16米，上雕卷云纹；

第二层厚0.09米，顺墙的方向错缝平砌，由第一层内收0.03米；

第三层厚0.09米，顺墙的方向错缝平砌，圆边；

第四层厚0.09米，顺墙的方向错缝平砌，圆边，由第三层内收0.05米。

南侧八字墙的散水保存较为完整，宽0.5～0.52米，青砖平铺，用立砖包边。用砖除台明南部一段不规则外，其他

图一五　接引佛殿南侧八字墙

图一六　接引佛殿南侧八字墙的局部

图一七 接引佛殿北侧八字墙

处均为长0.4米、宽0.2米、厚0.1米的青砖。散水下为三合土铺底（图一五、图一六）。

北侧八字墙与大殿东北角相连接的墙体已被完全破坏，尚存的墙体残长5.9米，宽1米，残高4.3米，用青砖砌边，其内侧已被破坏至底部，墙的外部顶端约成50°（与南墙相同）。北墙的结构、砌法与南墙相同（图一七）。墙外部散水保存与墙同长。西边2.9米为长方砖平铺，砖长0.4米，宽0.34米。墙内边散水残长4米，用长0.4米、宽0.2米、厚0.1米的青砖平铺，宽0.1米的立砖包边。散水下为三合土铺底。

七、爬山廊遗址

爬山廊遗址（F7）位于香山寺建筑群中轴线的北侧，其南端和青霞寄逸殿的前廊北端相接，其东端位于眼界宽殿的北侧。方向84°。F7开口于现代土层下，距地表深0.2~0.5米。

F7整体平面形状呈半弧形，为东低西高的斜坡状，其南侧由东向西依次有眼界宽殿、蕢葡香林阁、水月空明殿和青霞寄逸殿这四处建筑遗址（图一八）。受客观条件所限，此次仅发掘了爬山廊的北半部。北半部分从北侧爬山廊的东端底部第一步台阶起，东西直线斜坡长42.3米，坡度23°。从42.3米处开始向西南呈弧形，再从弧形南端西转3.63米，再直角南转6.82米与青霞寄逸殿的前廊北端台基边相接。为叙述方便分四段叙述。

第一段：从爬山廊东端底部第一步台阶边开始，东西台基直线斜坡长42.3米，宽2.35米。台基南、北两侧平面上各用石条东西向铺两排，每排总宽0.67米，石条长0.32~2.3米，宽0.33~0.34米，厚0.1~0.17米。石条下为虎皮石基础，高0.3~0.7米。在南、北两侧石条上用青砖齐边，内为用砖块加白灰黏合填充的墙基。北侧墙基宽0.4~0.42米，由于破坏严重，残留断断续续，残高0~0.41米。南侧墙基宽0.23米，砌法与北侧墙基相同。用砖规格为：长0.26米、宽0.14米、厚0.06米。两墙之间为台阶，台阶南北长1.01米。由于破坏严重，仅残留台阶下面的青砖，用砖规格为：长0.26米、宽0.13米、厚0.05米。

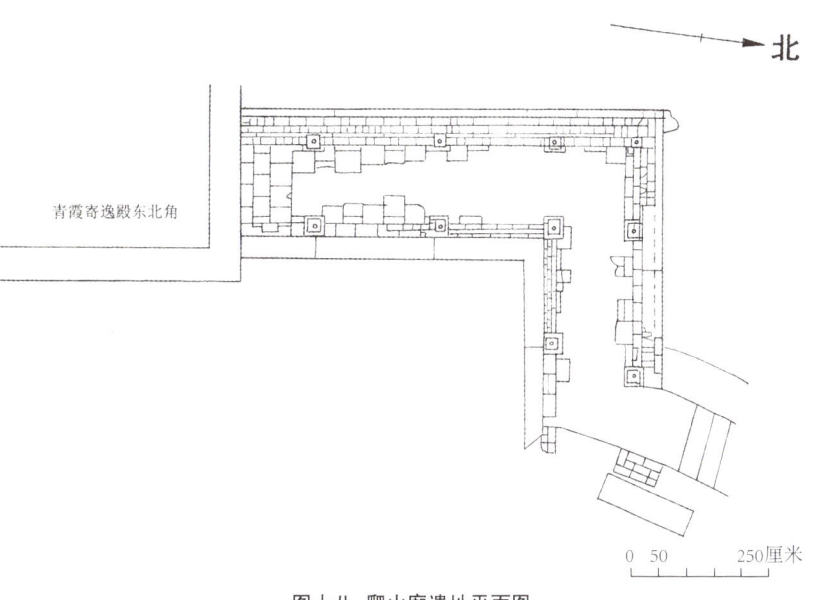

图十八 爬山廊遗址平面图

第二段：为西部弧形部分，宽2.3~2.35米，台基砌法同第一段，台基外侧高0~0.67米（以底部三合土面计）。

第三段：位于第二段弧形的南端西转部分，台基外侧转西3.63米，内侧转西3.2米。此段台基面较平，台基础和墙基砌筑方法同前两者。南北宽2.3米，南、北墙基之间宽1.2米。底部铺地砖大部分已被破坏，铺地砖下为三合土。

第四段：由第三段向南转部分，台基外侧直角呈斜坡向南转6.72米，内侧直角呈斜坡向南转5米，均与青霞寄逸殿北台基边相接，内台基外边东距青霞寄逸殿东北角0.38米，坡度13°，台面宽2.3米。墙基砌法同前三段，墙基残高0.3~0.45米，底部略呈斜坡状。用方砖铺地，仅残留少部分。用砖规格为：0.33×0.33米、0.34×0.3米、厚0.05米。

在整个北半部爬山廊台基面上，南、北墙基内各分布一排柱顶石，每排柱顶石由下至上共有37个。这两排柱顶石相互对应，南侧墙基内柱顶石被破坏比较严重。第一段爬山廊南侧柱顶石残留极少，以北侧柱顶石为例：1号柱顶石位于第一段台基的东端，由东端第一步台阶底部外边起向西1.3米处，柱顶石有0.34米×0.34米，也有0.34米×0.28米，中间柱孔直径0.07米，深0.06米。爬山廊的第一段柱顶石之间相距1.55米，第二段柱顶石之间相距1.6~2.02米，第三段柱顶石之间相距1~1.9米，第四段柱顶石之间相距1~1.6米。

八、小结

1. 香山寺是北京香山公园景区内历史最为悠久的建筑之一，始建于唐代，后于金朝至明清时期，均受到历代统治者的重视。据《金史·世宗本纪下》记载："（大定二十六年三月）癸巳，香山寺成，幸其寺，赐名大永安，给田二千亩，栗七千株，钱二万贯。"[①] "大永安寺，在京师之乾隅一舍地香山。按旧记：金翰林修撰党怀英奉敕书。昔有上下二院，皆狭隘，凿山拓地而增广之。上院则因山之高前后建大阁，复道相属，阻以栏槛，俯而不危。其北曰翠华殿，以待临达，下瞰众山，田畴绮错。轩之西叠石为峰，交植松竹，有亭临泉上。钟楼经藏，轩窗亭户，各随地之宜。下院之前树三门，中起佛殿，后为丈室云堂，禅寮客舍，旁则廊庑厨库之属，靡不毕兴。千楹林立，万瓦鳞次。向之土木，化为金碧丹砂，旃檀琉璃，种种庄严，如入众香之国。金大定二十六年太中大夫尚书吏部侍郎兼翰林直学士李晏撰碑云。又按泰和元年四月翰林应奉虞良弼碑记亦云：旧有二寺，上曰香山，下曰安集。金世宗重道思，振宗风，乃诏有司合为一，于是赐名永安寺。元朝兴修，庄严殊胜于旧。有中统四年太保刘秉忠号藏春散人十咏。"[②] 元朝名臣铁可的墓志中记载："尝游香山永安寺，登佛阁，漫书其名于壁。世祖幸香山见之，访诸左右，曰：国师罗麻兄子也。"[③]《宛署杂记·言字》"香山永安禅寺"条下记载："在香山，一曰香山寺，以山有巨石如香鼎，故名。正统六年太监范弘建，奏请敕赐今名。"[④] "香山在碧云南二里许，有永安寺，旧名甘露。"[⑤]《长安客话·郊坰杂记》中记载："香山寺制一如碧云而饶古色。"[⑥] 清代香山寺成为皇家园林静宜园二十八景之一，"前建坊楔，山门东向，南北为钟鼓楼，上为戒坛，内正殿七楹"[⑦]。不幸的是，香山寺毁于1860年英法联军的侵略与战火之中。

2. 香山寺位于香山公园内的蟾蜍峰北、璎珞岩之西，依山势而建，是中国古代佛寺与山地园林完美结合的典型之作，是将皇家建筑寓于北方园林之中的优秀实例。因此，香山寺对于了解和认识中国古代佛寺形制、山地园林、北方皇家园林及相应的规划思想、设计理念、礼制制度等均具有较高的价值。清代香山寺为一处规

图一九 香山永安寺图

模宏大的建筑组群，布局严谨，层次清晰，错落有致，景致怡人，且单体建筑数量较多。香山寺是典型的纵轴式寺院，一条中轴线贯穿全寺，其余配殿左右对称分布。由于山势走向，该寺的整体朝向为坐西朝东。从清乾隆《静宜园二十八景图》中的"香山永安寺"可以看出，香山寺建筑组群可以分成前街店、中寺院、后宫苑三大部分。其中，尤以后二者更为重要，还可再分为五重院落。由东向西，院落的主体建筑依次分别是接引佛殿（山门）、西佛殿（天王殿）、两座八方碑亭和圆灵应现殿、眼界宽殿、薝葡香林阁、水月空明殿和青霞寄逸楼等（图一九）。

3. 到了近现代，香山寺内曾有临时建筑或设施，并曾进行过多次修整。通过此次考古发掘，我们发现香山寺内的单体建筑，特别是处于中轴线上的建筑，晚期的遗迹已将早期建筑基址破坏得颇为严重。此次清理，尽可能地揭示出清代建筑的形制、布局和结构（图二〇）。

4. 此次考古发掘所揭示出的清代香

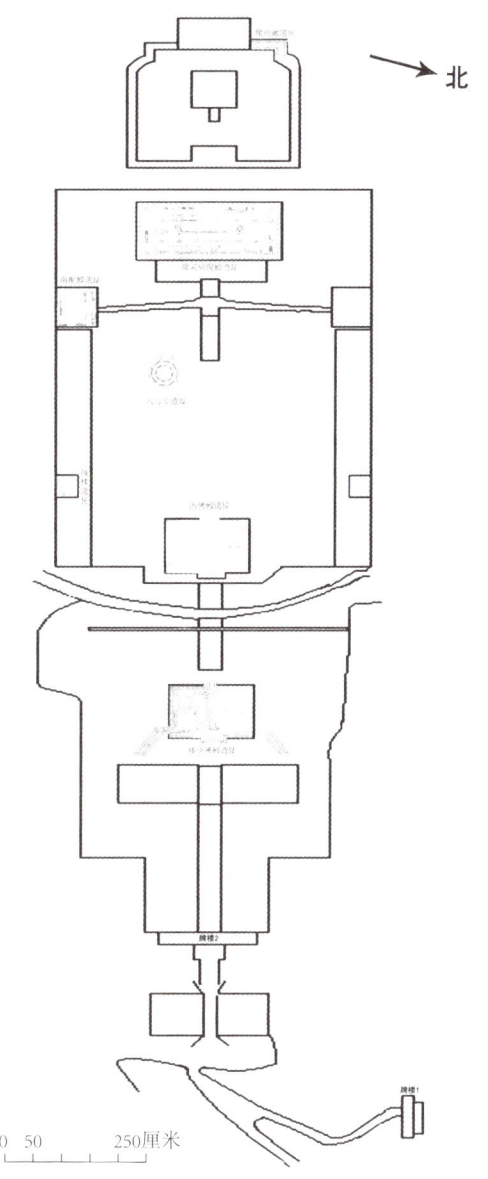

图二〇 静宜园香山寺遗址2011年考古发掘
总平面示意图

山寺的建筑基址，为其保护、复原等提供了可靠而重要的依据。香山寺所在的清代皇家园林静宜园是"三山五园"[8]的重要组成部分。因此，香山寺的考古发掘，为"三山五园"整体、长远的文物保护提供了借鉴。香山静宜园也是北京市"三个文化带"建设中"西山文化带"[9]的重要一项。因此，香山寺的考古发掘为"西山文化带"更加合理、有效的文物保护提供了借鉴。

·87·

执笔：孙勐
绘图：刘小贺
照相：王宇新

---

① 《金史》卷八，中华书局，1975年，第192页。

② （元）孛兰肹等撰、赵万里校辑：《元一统志》卷一，中华书局，1966年，第35页。

③ 北京市文物研究所：《元铁可父子墓和张弘纲墓》，《考古学报》1986年第1期。

④ （明）沈榜：《宛署杂记》卷十九，北京古籍出版社，1980年，第226页。

⑤ （清）孙承泽：《天府广记》卷三十五，北京古籍出版社，1982年，第494页。

⑥ （明）蒋一葵：《长安客话》卷三，北京古籍出版社，1982年，第53页。

⑦ （清）于敏中等：《日下旧闻考》卷八十六，北京古籍出版社，2001年，第1446页。

⑧ 张宝秀：《三山五园的地位与定位》，《北京联合大学学报》2014年第1期；何瑜：《三山五园称谓的由来及其历史地位》，《北京联合大学学报》2014年第1期。

⑨ 李建平：《"三个文化带"与北京文化中心建设的思考》，《北京联合大学学报》2017年第4期。

古建类博物馆自主策划的对外展览研究

——以北京地区中小博物馆为例

李少华

一、研究综述

博物馆的展览是展现博物馆文化内涵和科研成果的重要手段，对博物馆展览的研究，一直都是备受关注的课题。20世纪50年代，中国博物馆人就开始了对博物馆展览的研究：《文物参考资料》在20世纪50年代就多次刊文介绍博物馆的展览[1]；进入八九十年代博物馆人对博物馆展览进行研究的文章也越来越多，如李科友《第四讲：谈谈博物馆的陈列和设计工作》[2]，周士琦、朱雅娟《博物馆陈列的思考》[3]等都对博物馆的展览内容、方式方法等进行了探讨分析。近年来，对博物馆展览进行研究的文章更是数不胜数，如单霁翔《浅析博物馆陈列展览的学术性与趣味性》[4]、龚青《陈列展览策划与博物馆建设》[5]、索经令《博物馆陈列展览中的照明设计》[6]、罗军《关于历史类博物馆陈列展览与陈列设计的思考》[7]、宋向光《博物馆陈列的实物性元素及内容结构析》[8]等博物馆人对博物馆的陈列展览进行的各方面研究，以上所列，也仅是众多著作和研究成果中的冰山一角，更多的研究著作在此不一一赘述。博物馆人对于博物馆陈列展览的研究工作，为博物馆做好展陈工作、更好地行使博物馆宣教社会的职能提供了借鉴和参考。

上述博物馆展览的研究，都是针对博物馆的固定陈列而言。随着社会的进步和文化交流的发展，近年来一些博物馆引进的外来展览、自主策划和制作的对外展览也颇有影响，如首都博物馆2016年春季两大临展"五色炫曜——南昌汉代海昏侯国考古成果展"和"王后 母亲 女将——纪念殷墟妇好墓考古发掘四十周年特展"，开展三个月接待观众77万余人[9]；北京古代建筑博物馆自主策划的对外展览"土木中华展"，制作完成第一年就先后赴德国和西班牙进行展览。虽然这些展览因时间的限制，只是作为临时展览展出了一段时间，但这些临时展览是对博物馆固定陈列的重要补充，从展览取得的实际效果来看，临时展览在博物馆的对外宣传和宣教社会方面发挥着不容小觑的作用。大型综合类博物馆的临时展览能为其锦上添花，而中小型博物馆的临时展览则在吸引更多的观众、扩大本馆的社会受众面、宣传博物馆的同时，也展现了博物馆的活力。所以，对于博物馆临时展览的研究也逐渐为博物馆人所关注：魏明在1997年就对博物馆"临时展览的特性与形式设计"进行了研究[10]，曹欣欣《临时展览的成功因素》[11]、吴鹏《关于博物馆临时展览的成功因素分析》[12]对博物馆临时展览的成功因素进行了分析。也有对某一特定类型博物馆的临时展览进行针对性研究的，如张雪《谈临时展览在中小型博物馆工作中的作用——

在博物馆工作实践中引发的思考》[13]重点从临时展览对中小博物馆的作用和发展方面进行了探讨；柴丽《遗址类博物馆临时展览的几点思考》[14]侧重如何引进较好的临时展览、如何在本馆做好引进的临时展览方面进行分析。但对特定类型博物馆临时展览的研究，主要针对其引进的展览，而对某类博物馆自主策划的对外展览进行的研究较少。

古建类博物馆尤其是中小型的场馆，展陈面积有限，固定陈列往往不能完全展示本馆的研究成果和文化内涵，引进的临时展览也比不上馆舍条件较好的综合类博物馆，对于此类博物馆而言，根据本馆特色和独特的文化资源，自主策划一项对外展览以扩大博物馆的影响和受众群体十分必要。本文拟以北京地区中小型古建类博物馆自主策划的对外展览为研究对象，对中小型古建类博物馆的文化交流和发展做一探讨。

二、研究对象

对于古建类博物馆的界定，笔者在《古建类博物馆固定陈列中形式设计的重要性——以"巍巍正阳——北京正阳门历史文化展"为例》[15]一文中已经做过研究和探讨，此篇不再赘述。

本文探讨的临时展览指的是基于本馆资源而自主策划并制作的"走出去"的展览，即对外展览。对外，不是简单的走出本馆，而是指本省（市）之外和境外两个部分。中小型的古建类博物馆资源有限，研究力量及财力、物力等方面无法和综合的大型博物馆相比，但对本馆历史文化的熟悉程度和研究的便利也是其独特的优势。因此，这类博物馆在自主策划对外展览方面，可以充分发挥自己的特长和优势，在条件有限的情况下，通过建立与外省市博物馆的交流，先将展览推到本省（市）之外，将展览进一步完善后再走出国门。条件成熟的也可以有针对性地制作直接走出国门的展览，如推广到某国的华人中心、图书馆、博物馆等地进行展出。

三、案例分析

在文化大发展、大繁荣的背景下，近年来北京地区古建类博物馆借助自身特色文化资源的优势，自主策划制作了一系列对外展览，有的展览一经推出就走出了国门，很好地宣扬了中国的传统文化，扩大了展览的受众面，同时也宣传了本馆，取得了良好的社会效益。以北京市文物局属几家古建类博物馆为例，近年来，北京古代建筑博物馆、北京大钟寺古钟博物馆、北京西山大觉寺管理处、北京市正阳门管理处等为代表的中小型博物馆自主策划推出的对外展览，分别在德国、西班牙、俄罗斯、美国和我国河南、福建、广西等地展出，受到了当地观众的欢迎，宣传了文化，赢得了口碑。

（一）北京古代建筑博物馆的"土木中华展"

北京古代建筑博物馆（以下简称：古建馆）依托先农坛古建筑群而成立，是一座收藏、研究和展示反映中国古代建筑历史、建筑艺术、建筑技术的专题性博物馆。古建馆的优势是对中国古代建筑的研究，2014年，古建馆以馆藏建筑构件和建筑模型等藏品为基础，自主策划了对外展览"土木中华展"。该展览通过图片、文字、模型等形式将中国古代建筑的历史、技术及艺术浓缩在方寸展厅之中，展览制作完成后就直接推出到海外，在2014年分别赴德国和西班牙，2015年赴法国进行展出（图一、图二）。

"土木中华"系列展览是北京古代建筑博物馆将其固定陈列"中国古代建筑展"进行浓缩而推出的精华版。展览在策划之初就定位为出国（境）的对外展览，分为"中国古代建筑艺术魅力"和"中国古代建筑营造技艺"两部分，重点通过视频、模型等方式立体展现了中国丰富的建

图一 "土木中华"在海外展出 (1)

图二 "土木中华"在海外展出 (2)

筑类型、精湛的建筑技艺及独具中国特色的建筑艺术。观众不仅可以观看美丽的中国古建图片，欣赏古代建设技术的视频，还可以动手操作榫卯实木结构的建筑模型，亲身体会中国古代建筑不用钉子建造的奥秘。

展览在德国和西班牙中国文化中心展出时受到中外观众的欢迎，当地华人观众感慨能在异地他乡看到祖国的展览十分难得，外国观众在参观完展览之后则希望能够到中国实地参观这些精美的古建筑。通过对此次外展览，与德、西两国建立了良好的关系，中国的传统建筑文化在国外进行了弘扬，与两国的历史文化交流得到加强。

（二）古钟博物馆的"北京古钟拓片艺术展"

北京大钟寺古钟博物馆依托建于雍正年间的古建筑觉生寺而成立，集收藏、研究、展览古钟类文物藏品为一体。古钟这一独特的文物资源是大钟寺古钟博物馆的优势资源，博物馆立足此优势，于2015年底自主策划了"北京古钟拓片艺术展"，从400余件古钟文物中，精心甄选出26口古钟上的62处"文化符号"进行拓印。展览分为"中国古代传拓技艺与古钟传拓""铭以载道——古钟铭文""图寓吉祥——古钟纹饰""颖拓艺术"等几个单元，向观众展示了中国古代传统的古钟传拓技艺、古钟铭文、古钟纹饰、古钟颖拓艺术等多个方面的文化魅力。

2016年1月，"北京古钟拓片艺术展"首先在哈尔滨阿城金上京历史博物馆推出，受到当地政府及群众的关注和好评。2016年6月，博物馆对此展览进行精编和完善后，将展览推出到国外进行展览。在俄罗斯国立圣彼得堡历史博物馆展出期间，不仅拓片铭文的展览备受关注，俄罗斯观众还被工作人员以编钟（仿制品）配合古琴、箫等传统乐器的中国传统音乐演出及现场进行的古钟传拓展示等活动所折服，纷纷要求学习中国最古老乐器的演奏技巧和古钟传拓技艺。

"北京古钟拓片艺术展"配合古代乐器演奏及古钟传拓技艺的表演，在俄罗斯的展出促进了中俄两国之间钟铃文化的交流，增进了中俄两国人民的友谊，宣传了中国悠久灿烂的古钟文化。同时，展览活动期间，大钟寺工作人员也体验了承载西方祝福的钟琴文化。通过古钟这一载体，中国的编钟和西方的钟琴，开启了中俄两国"各美其美、美美与共"的文化之旅。

（三）北京西山大觉寺的"中国茶文化"展览及活动

北京西山大觉寺管理处坐落在京西著名古刹大觉寺内，是一座著名的禅宗寺院，也是一处展示辽代寺庙建筑及相关历史文化的博物馆。大觉寺的山水林泉、皇家寺庙是其独特优势，寺内有著名的千年古玉兰树，清水院的山泉水也远近闻名，大觉寺管理处依托这两个资源优势，以"赏花悟道""以茶会友"的禅道和中国茶文化的茶道传统，开启了禅与茶的文化之旅。

近年来，北京西山大觉寺自主策划的"中国茶文化"主题展览活动先后在国内外进行巡回展出。西藏林芝、福建厦门、广西柳州、重庆等省市先后以茶文化为主题举办了相关展览，除了相关文字图片之外，展览还伴随相关文化讲座、茶艺表演、中国传统文化展演等，展览所到之处受到当地观众的热烈追捧（图三）。

2014年，"一盏清茶酬知音——中国茶文化体验与分享"活动在俄罗斯中国文化中心和普希金博物馆举办，活动包括中国茶文化展览及两场中国传统文仕茶表演。2015年"禅与茶——中国茶文化展"系列活动在美国奥兰德帕克市公共图书馆举行。展览活动包括"禅与茶——中国茶文化展览"、中国茶艺表演、中国茶文化讲座、中国功夫茶互动教学、中国书法讲座、中国书法撰写展示及互动、中国传统插花互动教学、古筝演奏、舞蹈《茉莉花》、少儿手工互动项目等十项内容。这些展览和活动在传播中国禅和茶文化的同时，彰显出中国传统文化的韵味和精致，吸引了大量外国友人对中国文化的关注。

许多外国友人纷纷表示，希望有机会到中国，实地体验中华传统文化的精髓。

（四）正阳门管理处的"帝京气象——乾隆时期北京的城市和生活"展

北京市正阳门管理处是一座古建类博物馆，馆内藏品为两座不可移动文物：城楼和箭楼，没有馆藏文物，举办外展难度很大。但正阳门立足本馆优势，围绕北京的历史文化特色，深入挖掘自身文化资源，自主策划并成功推出了开馆近三十年来的第一个对外展览。

2015年，北京市正阳门管理处自主策划并推出了对外展览"帝京气象——乾隆时期北京的城市和生活"。该展览是北京市正阳门管理处自1988年成立以来，首次推出到外地的、自主策划的临时展览（图四、图五）。展览在馆内科研的基础上，深挖固定陈列中的亮点和细节，并对之进行深化和延展，从"北京的城市布局与城市功能分布""乾隆时期北京的城市

图四 正阳门"帝京气象"外展(1)

图三 大觉寺管理处"禅与茶"活动场景

图五 正阳门"帝京气象"外展(2)

生活""交流与碰撞：乾隆时期的中国与世界"三个方面，围绕《乾隆京城全图》《乾隆南巡图》两件鸿篇巨作，通过众多图片、视频和展品，详细展现了乾隆时期的城市面貌和市井生活，见证了真实的历史；同时揭露了盛世之下的隐忧，提醒我们以史为鉴，吸取历史经验教训、牢记历史警示。

该展览首次到外省市展出，第一站在河南许昌博物馆，受到当地观众的欢迎和周边地市博物馆领导、专家的认可。2016年，展览在进一步完善并增多了互动项目后，在信阳博物馆展出。安阳、濮阳、新乡等地市级博物馆及南阳知府衙门博物馆等博物馆同仁在参观过此展览后，主动要求引进该展览到各自的博物馆展出，先后达成了巡展意向。展览推广了老北京历史文化，宣传并扩大了正阳门在北京以外地区的影响力。

除文中所列的四家博物馆外，2015年，北京石刻艺术博物馆自主策划的"云路鹏程——诗人乾隆书法刻石拓片篆刻展"在云南普洱美术馆展出；2016年，北京艺术博物馆自主策划的"扇子的历史与传说展"在非洲贝宁中国文化中心展出；北京西周燕都遗址博物馆推出的京津冀系列文化展，2015年开始在河北、天津等地巡展，包括"燕国历史文化展""受命北疆——青铜器背后的燕国故事展览"（燕国人物），"鼎天鬲地——燕都宴飨"（燕国餐饮）等展览及相关文化活动，从不同方面讲述燕国。这三家博物馆同样属于中小型博物馆，其自主策划的对外展览同样受到举办地观众的欢迎和认可，在当地扩大了自身影响，弘扬了传统文化，实现了文化走出去。但这些博物馆在归属上有的属于遗址类博物馆（如北京西周燕都遗址博物馆），有的虽设在古建之内，但专题性较强（如北京艺术博物馆），故在此不对其对外展览做具体分析，但依然可以说，中小型博物馆自主策划对外展览的重要性和影响力不可忽视。

四、结论

通过对北京市文物局属的几家古建类博物馆自主策划的对外展览具体分析，不难发现以下共同点：

（一）策划对外展览的选题上，立足自身优势

北京古代建筑博物馆策划并取得成功的对外展览就是其固定陈列的精华版，展览相对成熟，所以直接面向海外推出展览；北京大钟寺古钟博物馆以古钟为文化载体，打开了本馆与外界文化交流的大门；北京西山大觉寺管理处挖掘自身文化内涵，策划的不仅是一个对外展览，而是更多地将中国传统文化的展演活动融入展览当中；北京市正阳门管理处是一处以研究展示老北京城门城墙及相关文化为主的博物馆，策划的对外展览立足老北京的城市建设和人文生活。

（二）策划对外展览的设计上，展览配合活动

对于成功策划了固定陈列的博物馆而言，策划一个对外展览并不难，但策划的精彩与否关键在于出新、在于吸引观众。对于中小型的古建类博物馆而言，举办临时展览最大的障碍是场地有限，无论是自主策划还是引进临时展览在本馆的场地进行展览，都会受到展馆条件的限制，而往往不能达到满意的效果。所以，中小型古建类博物馆要挖掘自身资源优势，全面展示本馆的馆藏和研究成果，策划走出去的对外展览。而对于一个陌生的展览来讲，最容易吸引观众的就是让人有参与感的互动项目，既能反映本馆文化，又能受到展示地观众喜爱的展览，展示活动和互动交流是必不可少的。

（三）策划对外展览的选址上，综合考虑

除古建馆的对外展览直接推出到国外巡展之外，其他几家的展览均先在国内地市进行展览后，根据需求修改完善后再出国巡展。对外展览的选址应该在策划之初

就一并考虑，这样可以融合当地的文化去设计制作展览。选择一个与本馆展览有文化相近的地方（如大钟寺的展览选择有钟琴文化的俄罗斯）或者能形成强烈对比的地方（如大觉寺的展览送到美国，当地人喝的茶是粉末状的茶，大多数都不知道大叶子可以泡出茶）去展览，展览获得更多关注、更高评价的可能性会更多一些。

另外，建立交流机制、签署文化交流备忘录，也是成功举办对外展览的一个重要方面。

虽然以上所列博物馆自主策划的对外展览都取得了成功，但目前也只是轰动一时，尚未能形成一个品牌效应。于此同时，还有一些更小规模的古建类博物馆由于科研等力量的缺失，至今没有推出一项自主策划的对外展览。这些小型的博物馆受众面较小，但却都有自己的特色，他们都是传播和弘扬中华文化的一份重要力量，其发展更应该受到关注。

北京市《"十三五"时期加强全国文化中心建设规划》对文化行业的工作者提出新的要求，我们博物馆人需要进一步挖掘首都的文化资源，宣传和弘扬优秀历史文化，为首都全国文化中心建设、文化成果百姓共享做出贡献。作为首都文博圈一份子的中小型古建类博物馆，如何做好文化走出去，如何发展，如何承担弘扬首都优秀历史文化的重任？一个同样是在北京的例子或许可供我们借鉴：

北京宋庆龄故居、李大钊故居、鲁迅博物馆、郭沫若纪念馆、茅盾故居、老舍纪念馆、徐悲鸿纪念馆、梅兰芳纪念馆8家名人故居、纪念馆分属不同的管理机构，但这8位文化名人同样是为国家、为民族作出了不朽的贡献，他们的爱国情怀、理想追求、价值取向影响了一代又一代人。8家名人故居在此基础上联合起来，挖掘优势，一起策划展览，从2000年开始，联合举办传播名人文化、传承名人精神的特色活动，成为北京的特色品牌文化活动。

"一人难挑千斤担，众人能移万座山"，文化内涵相近的中小古建类博物馆要"抱团取暖"，充分发挥各家特色，进行资源整合，打造有影响的展览，形成文化品牌，做到体量小而影响大，小而精，小而名，共同弘扬中华文化，为自身的发展和各地各国间的文化交流做贡献。

---

① 1954年连续五期刊载《博物馆陈列的艺术装饰》，1957年刊载王书庄的《在博物馆工作中展开"百家争鸣"——试谈陈列与展览》等。

② 李科友：《第四讲：谈谈博物馆的陈列和设计工作》，《江西历史文物》1981年第2期。

③ 周士琦、朱雅娟：《博物馆陈列的思考》，《中国博物馆》1997年第2期。

④ 单霁翔：《浅析博物馆陈列展览的学术性与趣味性》，《东南文化》2013年第2期。

⑤ 龚青：《陈列展览策划与博物馆建设》，《东南文化》2011年第4期。

⑥ 索经令：《博物馆陈列展览中的照明设计》，《博物馆研究》2013年第3期。

⑦ 罗军：《关于历史类博物馆陈列展览与陈列设计的思考》，《沧桑》2014年第4期。

⑧ 宋向光：《博物馆陈列的实物性元素及内容结构析》，《东南文化》2016年第2期。

⑨ 数据引自首都博物馆官方微信。

⑩ 魏明：《临时展览的特性与形式设计》，《中国博物馆》1997年第3期。

⑪ 曹欣欣：《临时展览的成功因素》，《中国博物馆》2000年第1期。

⑫ 吴鹏：《关于博物馆临时展览的成功因素分析》，《学理论》2012年第10期。

⑬ 张雪：《谈临时展览在中小型博物馆工作中的作用——在博物馆工作实践中引发的思考》，《博物馆研究》2006年第4期。

⑭ 柴丽：《遗址类博物馆临时展览的几点思考》，《中国文物报》2015年7月7日第8版。

⑮ 李少华：《古建类博物馆固定陈列中形式设计的重要性——以"巍巍正阳——北京正阳门历史文化展"为例》，《北京文博文丛》2015年第2辑。

（作者单位：北京市正阳门管理处）

对故宫博物院文化创意产业发展的思考

——以产品品牌化和体验式销售渠道建设为中心

冯 辉

故宫博物院是中国最大的古代文化艺术博物馆，拥有无与伦比的古典建筑、精美的文物，并且见证了无数重大历史事件的史迹，凝聚了中国文化生生不息、繁荣发展的历史进程。在数字化时代，文化创意产品成为博物馆扩大自身影响力并融入社会潮流的最直接方式，"博物馆商店往往成为消费者参观博物馆的最后一站，也成为博物馆直观传达自身形象的最后一站"[1]。因而我们有责任将故宫的文化元素融入到文创产品之中，用商品流通的方式将故宫文化传播到千家万户。为此，我们要认清我院文化创意产业发展的迫切性，以精益求精的精神做好品牌化产品，并不断开拓体验式销售渠道。

一、做好故宫博物院文化创意产业的迫切性

现阶段，发展文化创意产业任务重、时间紧。我院文化创意产业要适应全院的整体发展战略；要适应社会潮流，满足公众的期待；要适应甚至引领全球先进博物馆的文创产业发展趋势。

（一）要适应全院的整体发展战略

近年来，故宫博物院进入快速发展轨道，文创事业部作为故宫博物院文化产业的开发、营销主体，既要用创制精良的产品宣传故宫博大精深的传统文化，同时又要服从、服务于我院的整体发展。中心配合院内规划，建成了端门服务区、坤宁宫服务区、冰窖服务区、交泰殿服务区，神武门外东西两侧也将建成文化一条街。这几个服务区都是综合性服务区，致力于为游客提供最好的服务，提升游客在我院的游览体验。此外，文创事业部还要大力发展品牌化产品，拓展体验式销售渠道，促进文化创意产业的内涵式增长，以此适应我院整体事业的内涵式增长态势。

（二）要适应社会潮流，满足公众的期待

我院的文化创意产业要融入经济社会发展洪流，适应数字化、信息化趋势，满足公众不断提高的文化商品消费需求。

1. 融入经济社会发展的洪流

2010年8月2日，单霁翔先生在《人民日报》总编室和人民网共同主办的"文化讲坛"提出："文化遗产事业应融入经济社会发展，成为经济社会发展的重要力量。"[2]在建设社会主义市场经济的进程中，博物馆不能封闭在象牙塔中，而要以公益性和非营利性为前提，以博物馆资源为依托，以市场化模式大力发展文化创意产业，兼顾经济效益和社会效益，以此推动博物馆事业的发展，并提升我国的文化软实力。

2. 适应数字化、信息化趋势

数字化、信息化成为促进社会发展

的最强大动力,当我们还在感叹《清明上河图》上展现的繁茂喧闹的商业气氛时,瞬息万变的互联网时代正在以惊人速度无声地抢占每个消费者的关注。一场由互联网技术掀起的革命,必将改变顾客与企业之间的力量态势。在世界各地,能够把握这些新契机和新趋势的行动者必将在竞争中脱颖而出。在传统媒体领域,中央电视台无疑是最有影响力的宣传渠道,央视广告收入长期居于媒体之首,但随着新媒体信息化影响社会生活的节奏加快,互联网产业的龙头、百度公司的广告额在2013年达311亿元人民币以上,首次超越央视成为国内广告业的冠军。在商品零售领域,2013年中国网络购物市场交易规模增长42%,达到1.85万亿元,而网络销售的"井喷"增长态势还在迅猛发展之中。2016年,中国网购规模(不含服务)达到7500亿美元;截至2017年6月,中国网民数量达7.51亿,互联网普及率达54.3%。2017年我国电商占了全球市场份额的40%。

因此,博物馆事业的发展必须要适应数字化、信息化的时代要求。单霁翔先生曾指出,"信息传播方式的革命,将拆除博物馆文化传播的壁垒"[3],而文化产业电商渠道也将突破文创产品的销售瓶颈。

3.满足公众不断提高的文化商品消费需求

在信息化时代,公众对产品的需求不断提高:关注产品体验,拒绝说教式广告传播,追求便捷使用方式,品牌意识强。博物馆要提供适应公众需求的文化创意产品,必须在产品、渠道等方面不断下大功夫。

(三)要适应甚至引领全球先进博物馆的文创产业趋势

2013年5月,中国博物馆协会文创产品专业委员会在京成立,标志着我国博物馆界对文创产品的重视迈入了一个新的里程碑,为中国博物馆文化创意产业乃至中国文化创意产业搭建了一个跨区域的全国性的交流平台。

中国博物馆协会文创产品专业委员会的成立,也是对世界性博物馆文创产业趋势的回应。纽约大都会艺术博物馆、大英博物馆等世界先进博物馆及中国台北故宫博物院的文创事业,为业界树立了良好的榜样。

纽约大都会博物馆商店以品牌化作为事业发展的出发点,以该馆的文物衍生产品为主线,同时积极引进全球范围内的优选商品,将博物馆商店打造成时髦消费的新场所。大都会博物馆商店还实施全球行销的策略,通过强有力的营销手段宣传博物馆形象,以求获取最大的经济效益。

大英博物馆商店主要负责文物复制品与纪念商品的批发零售、出版、制造及授权业务等,商店以博物馆的典藏品为基础,通过授权方式与许多制造厂商合作。在围绕博物馆重要馆藏来开发相关衍生品的同时,尤其注重开发适合各个年龄层、各种文化背景消费者的产品。当有特别展览或重大节日时,经营者还会推出专门制作的商品。商店经营者还充分运用网络这一便捷新颖的销售模式进行对外推广宣传,树立品牌形象。

中国台北故宫博物院设有文创行销处这一部门,主要负责文创商品的开发、生产和采购,销售方面则由中国台北故宫博物院员工消费合作社负责。该院充分利用中国台北故宫博物院这一知名品牌的平台,以多元化的合作模式吸引众多厂商成为供应商,由合作厂商负责设计、生产,以代销的方式进行合作。将藏品的元素融入到商品中,将人气藏品作为重点开发对象[4]。

大陆博物馆的文创产业收入与世界范围内先进同行相比,尚有不小的差距。据中国人民大学教授金元浦研究,美国博物馆行业的经营性收入占总收入的47%,美国纽约大都会博物馆、史密森尼博物馆群近年的文化产品年均销售收入都超过了1亿美元。而根据国家文物局相关调研结果，我国70%以上的博物馆文化创意产品年均销售额不足500万元[5]。

到2017年，故宫博物院文创事业部线下收入近1亿元，线上收入近5000万。尽管成绩巨大，但我院文化创意产业还有巨大发展空间，为此，我们必须从品牌化产品和体验式销售渠道着手，大力发展我院的文化创意产业。

二、故宫博物院文化创意产业的产品品牌化建设

我院的文创产品品牌化建设，要将故宫的文化元素、精美工艺及消费需求相结合，选择的题材要能代表故宫文化底蕴、悠久历史、品牌形象，设计要遵循传统与现代文明完美结合的思路，制作工艺、材质要精益求精。

产品品牌化要围绕文创类产品、主题性商品交流合作、时机性纪念产品开发这三个方面进行。

（一）文创类产品

为了面向社会征集故宫文创产品的设计灵感，我院于2013年7月21日启动"紫禁城杯"故宫文化产品创意设计大赛。大赛共收到投稿作品675件，后评选出金奖3名、银奖6名、铜奖9名，另有优秀奖30名，特邀设计师奖6名。获奖作品故宫文化元素突出，创意构思新颖，兼具普及性、趣味性、实用性。

除文创设计大赛外，故宫文创事业部还组织精干力量进行文创产品研发，长期持续地挖掘故宫的内容资源，转化为具备商业价值和故宫品牌形象的产品，通过生产和销售，传播故宫文化，在实现经济价值的同时，实现故宫文创事业部的娱教目标和社会化责任。

（二）主题性商品交流合作

除面向社会大众征集思路之外，我们还要坚持"走出去，请进来"的发展战略，内引外联，推陈出新，开展主题性商品交流与合作活动。首先要策划与国际高端品牌合作开发产品，借助其影响力和传播力，推广故宫自有品牌的文创产品，让故宫文化与世界接轨，使故宫产品走向高端市场、国际市场；同时国际品牌也将受故宫及中国的深厚传统文化底蕴的熏陶，有利于提升其品牌魅力和文化附加值。2018年，中国文化中心、中外文化交流中心及故宫博物院等机构联合举办了"故宫文化创意产品国际综合展"，在全球六家中国文化中心（新加坡、布鲁塞尔、贝宁、曼谷、首尔、悉尼）陆续开展，是博物馆文创事业开展对外交流的有益尝试。

此外，在博物馆界也要积极进行文化商品交流合作。通过与国际知名博物馆的多种交流机制，如引进在故宫内特展的商品销售及开发、故宫外展的随展销售、专家学术研讨等形式，实现我院文创商品国际化目标。当然，我们也要与国内博物馆合作，共同将中国的博物馆文化创意事业做大做强。

（三）时机性纪念产品

我中心还将抓住各种契机，开发重要活动的时机性纪念产品，既普及中国传统历史文化，又满足大众的收藏需求。时机性纪念产品亦可作为国家级礼品，在国事活动中闪亮登场，极大促进国际社会对中国传统文化及故宫文化的认识、认同。

借助故宫博物馆建院90周年的重大契机，我们策划了系列纪念产品。目前已开发的纪念产品有"酒时"酒，"酒时"即90，饮用故宫"酒时"酒可直接联想建院90周年，使人在数字与文字的奇妙结合中体会中国文字文化的博大精深。

在成功创制1997年纪念银币一套五枚、2003年纪念流通币一枚的基础上，我院还向中国邮政申请发行了建院90周年纪念邮票。纪念邮票以博物院具有典型历史文化意义的文物作为邮票主题，限量发售，将浓缩的中华民族物质精神财富弘扬于天下。

三、故宫博物院文化创意产业的体验式销售渠道建设

生产出优质的品牌化商品，还需建立高效、方便的销售渠道。现阶段的社会经济发展模式，在产品经济和服务经济的基础上正向体验经济发展，与体验经济相适应的是体验式销售渠道，含网络销售渠道与实体销售渠道。因此，我院的文化创意产业，要大力发展自持性电商渠道及院内、院外实体销售渠道。

（一）网络销售渠道

随着网络技术发展与成熟，电子商务正处于迅猛发展状态。网络销售渠道突破了传统商务在时间、地域上的限制，方便、快捷、安全可靠。我院的文化创意产业，要建设好"故宫商城"、移动终端商业应用、社会化媒体等网络体验式自持电商，借助互联网的传播速度，迅速扩大故宫产品在国内外的品牌影响力。

1."故宫商城"

2015年1月1日，故宫博物院正式开通了B2C类电商"故宫商城"（http://www.gugongshop.com），其运营宗旨是以文创商品"传承文化，重塑经典"。

"故宫商城"从故宫现有文化创意产品中遴选数百件精品上网销售，消费者可以在线浏览商品、在线搜索，注册后在线下单、在线支付，由商城进行物流配送，还开展了O2O（Online To Offline，在线离线/线上到线下）互动活动、打折促销活动及微信、微博媒介的宣传促销活动，都取得了良好的成果。

"故宫商城"还将开展文化创意产品网络设计大赛、群众票选等活动，希望借此吸引更多的设计师或设计团队，壮大设计力量，开发出更多极具故宫特色的文创产品。

2.移动终端商业应用（建设中）

移动终端服务正成为商业领域吸引消费者的新法宝。据调查，移动终端互联网用户比PC终端用户平均年轻15岁，而年轻往往与时尚相得益彰。搭建故宫移动互联网产品官方展示平台，通过移动终端软件为游客提供寓教于乐的自主消费平台，向游客展示故宫博物院游览消费路线及文化产品商品信息（名称、款式、细节、价格等图文并茂的信息）。若新品上线，即时推送消息；随时跳转电商页面，帮助用户购买喜欢的产品；即时分享信息到社群媒体。我们还可以用采集的顾客背景及消费习惯等"大数据"，对消费信息进行统计分析，针对市场需求细分文创产品的设计生产，实现精准营销。

3.社会化媒体

利用自持性电商平台（淘宝、京东等）、论坛、微博、微信等新型互联网社交媒体，通过微博话题及活动、论坛社区发帖及维基问答、百科问答，将故宫文创商品信息与游客的购买体验进行交互，展开试用报告、产品评测、用户体验等全方位品牌口碑建设。

我院电商平台代表是"故宫淘宝"（https://gugong1925.taobao.com），该店是故宫博物院于2010年在淘宝商务平台开设的网店，专门经销故宫文化艺术品，主推适合年轻人的Q版产品。经过数年经营，故宫淘宝形成了"八旗勇士不倒翁娃娃""奉旨旅行""如朕亲临"的故宫创意时尚行李牌、"御前侍卫手机座"等王牌文创产品。故宫淘宝清新、活泼的风格，得到了社会广泛认可，获得了"潮""范儿""萌萌哒"等评价，媒体曾多次予以报道[6]。

通过以上网络体验式自持电商渠道建设，结合互联网与移动互联网双平台，将官网、官方应用程序、淘宝、微博、微信与用户终端共同打造为故宫文创媒介平台。

（二）实体销售渠道

实体销售渠道分为院内渠道与院外渠道。院内销售渠道要建设好端门服务区、坤宁宫服务区、冰窖服务区、神武门外文化一条街、交泰殿服务区。我们还要走向

社会，发展院外销售渠道，建立故宫品牌专卖店，让各个层面的观众不来故宫就能把故宫文化带回家。到2017年，已经在北京亚运村图书大厦、厦门鼓浪屿故宫外国文献馆、厦门曾厝垵故宫文创馆、香港历史博物馆等地建立了故宫文创商品专卖店。

院内外的实体销售渠道要有完善的商业规划，建立商业VI系统，并高度重视销售团队建设。

1. 编制完善的商业规划

（1）布局与动线。在分析展馆地理位置、文物展品特点、店铺数量、游览人群需求等的基础上，依据店铺所处区域的特点进行布局。以文华殿为例，此区域包括陶瓷馆主题展馆，展品以陶瓷为主，周边店铺仅此一家。我们可以在进门处开设商店，售卖以陶瓷类为主体的文创产品，产品应围绕最知名的瓷器进行开发。店铺还要有合理的动线设计，注重商铺美陈与展示，营造专业、趣味、有序的环境主题，让顾客顺着我们的思路购买商品。此外，布局与动线不是一成不变的，需适时对现行布局与动线规划进行调整。

（2）主题划分。要根据区域的馆藏特点选择合适的产品主题。如在陶瓷馆文创商店，以高仿陶瓷类商品为消费主题，并搭配相关图册和文创趣味商品。经营过程中，货架与产品要动态调整，根据上一年度销售数据来重新选定主打商品。在主题销售之外，还需配套水吧等轻餐服务。

（3）业态划分。院内商业业态主要有零售业态（复制品、文创产品）、餐饮业态（正餐、快餐、水吧）、娱乐业态（拍照、戏楼）、服务业态（礼品包装、邮寄、物流）等。根据区域特点进行业态划分与整合，如文华殿区域，既要有以陶瓷为主题的零售业态，也需配套礼品包装、邮寄等服务业态，以及水吧等餐饮业态，为游客提供全方位的服务。

院外商业规划，也要遵循与院内商业规划类似的原则与思路。

2. 设计统一、集中、个性化的商业VI系统

VI（Visual Identity）即企业VI视觉设计，随着社会的现代化、工业化、自动化的发展，产品快速更新，市场竞争也变得更加激烈。媒体的快速发展使传播途径多元化，受众面对大量繁杂的信息，往往无所适从，因此，我们需要统一、集中、个性化的VI设计，使观众辨识、认可故宫文创品牌。VI设计内容包括区域性导视系统、店铺统一门楣设计、店铺统一二次装修设计、店面展陈的统一规划、商铺常规宣传点位管理、公共区域休闲设施规划等。

3. 重视销售团队建设

销售团队建设要点有：（1）主题培训：邀请专业团队建设培训师前来讲课，提升专业销售人员的专业素质；（2）人才培养：选拔优秀人才学习进修，培养各岗位中的领袖人物；（3）拓展活动：定期组织内部拓展活动，加强团队凝聚力、合作力；（4）心理疏导：定期举办一些讨论会，鼓励团队成员畅所欲言，同时邀请心理辅导师进行心理疏导；（5）形象管理：加强对销售人员的形象管理，在精神面貌和服装形象上都体现出一个国际品牌形象。

以上文思路为基础，故宫博物院文创事业部编制了近期规划（2014—2015）、中期规划（2016—2020）和远期规划（2021—2025）。相信随着规划的执行，我们会不断开发具有故宫特色的博物馆文化产品，满足中外观众对博物馆文化的消费需求；积极开拓多渠道多层次的对外合作，促进博物院文化产业不断发展；寓经济效益于社会服务之中，创造良好的经济效益支持文博事业发展。

---

①④ 李峰、胡绪雯：《博物馆商店生态与文化产品的观察与思考》，《中国文物报》2013年9月4日

第5版。

② 单霁翔：《文化遗产有尊严，应惠及人民》，人民网-理论频道，2010年8月2日。

③《单霁翔在东盟文化产业论坛上发表主旨演讲》，中国文化传媒网，2011年10月24日。

⑤ 翟群：《博物馆开发文化创意产品——"小商店"如何做出"大产业"》，《中国文化报》2013年6月20日第8版。

⑥ 丁肇文：《故宫淘宝网上开设故宫网店》，《北京晚报》2010年11月18日；舒晓程：《"故宫淘宝"卖的商品萌萌哒》，《新闻晨报》2014年10月23日A20版。

（作者单位：故宫博物院）

华侨类博物馆、航海类博物馆建设与合作发展概述

白 婧

行业博物馆是始自20世纪80年代改革开放、尤其是21世纪以来蓬勃发展起来的新兴博物馆类型。行业博物馆以有别于传统博物馆的题材丰富且主题集中性、系统性强及广泛应用高科技手段等特点，成为博物馆业界的新晋翘楚。有感于行业博物馆生存发展中遇到的"酒香也怕巷子深"的困惑，笔者认为使包括政府在内的社会各界充分认识到行业博物馆存在的社会价值实为当务之急。为解决这一问题，亟需不同门类的行业博物馆在充分加强自身建设的基础上，以交流合作的方式拓展出新的生存空间，寻找到新的发展机遇，求得行业博物馆整体实力的日益增强。以下，笔者试对华侨类博物馆、航海类博物馆建设与合作发展做简要概述。

一、国内华侨类博物馆与航海类博物馆建设概况

（一）国内华侨类博物馆建设概况

华侨类博物馆涵盖以华侨为题材的博物馆、纪念馆、展览馆等，也包括华侨投资兴建的博物馆、华侨领袖的纪念馆（表一）。华侨类博物馆肇始于爱国侨领陈嘉庚带领华侨、侨界人士及海外侨资公司于1956年筹建、1959年落成开放的厦门华侨博物院，该博物院后由于历史原因陷入停顿。改革开放以来，伴随中国与世界的关系的历史性变化，海外关系成为两者之间沟通的桥梁，华侨华人成为独特优势和重要资源，保护、传承、开发、利用华侨华人历史文化遗产于其时切中命题。20世纪80年代后，尤其是90年代以来，以广东、福建重点侨乡为代表和重镇，黑龙江、北京、江苏、浙江、云南、海南等地陆续有华侨博物馆建成或在筹建中，即每地均建有一到两座华侨博物馆。全国的华侨博物馆（包括正在筹建的）有40家左右，整体来说，中国华侨博物馆事业已呈现出规模化、系列化的发展态势，以鲜明的优势和特色在中国博物馆界独树一帜、绽放异彩。值得注意的是，这些博物馆多为政府主办，其建设和运营多仰赖政府及广大华侨华人的支持，并有着浓郁的地域特色，如侨乡地域的华侨博物馆受当地华侨颇多助力，主要展现该地华侨华人的历史文化，是侨乡的文化名片。华侨类博物馆作为侨务工作的补充、联系华侨华人的纽带及沟通中外文化交流的桥梁的同时，也有力地承担着弘扬民族传统文化和开展爱国主义教育的重要任务。

表一 国内主要华侨类博物馆一览表

序号	名称	简况	地址
1	中国华侨历史博物馆	中国华侨历史博物馆由著名华侨领袖陈嘉庚先生于1960年倡办，2014年落成开放，是首家全面展示中国移民史、移民现状的国家专题博物馆，现有藏品近2万件（套）。博物馆常设的华侨华人历史文化展，分为中	北京市东城区北新桥三条东口

		国人移民海外历史、华侨华人海外生活篇和贡献篇、华侨华人与中国发展、中国侨务四部分。	
2	厦门华侨博物院	华侨博物院由陈嘉庚先生于1956年倡办，1959年落成开放，是我国第一座由华侨集资兴建的文博机构，是中国第一家全面、系统展示华侨华人历史的综合性博物馆。馆藏文物近7000件，设有"华侨华人""陈嘉庚珍藏文物展""自然馆"三个基本陈列。	福建省厦门市思明南路493号西侧
3	泉州华侨历史博物馆	泉州华侨历史博物馆于1995年底建成，是主要展示泉籍华侨往海外移民及其在海外生存、发展的历史，反映华侨华人群体的主要特点和在人类文明发展中的地位、作用的博物馆。藏品近5000件。建馆以来，先后推出"出国史馆""泉州人在南洋"两个基本陈列。	福建省泉州市区东湖街732号
4	陈嘉庚纪念馆	陈嘉庚纪念馆于2008年建成，设有"华侨旗帜民族光辉——陈嘉庚生平"和"在陈嘉庚身边——嘉庚现象诚毅同行"两个基本陈列。	福建省厦门市集美区浔江路8号
5	华侨大学四端文物馆	华侨大学四端文物馆系杜贻先生于2004年首倡建立，集收藏、展示、研究、交流等功能为一体，相应设有器物区、书画区、侨乡碑拓区、杜四端先生与早期旅港福建商会区、麦继强与张爱华特展专区等展厅。通过中华古今文艺和华侨历史文物的展示，既彰显历史悠久的中华文化，又真实地反映华侨华人的跨国生存状态，展现海外华侨华人的爱国爱乡情怀，同时也为推进华侨华人与侨乡历史资料的系统搜集搭建了平台。	福建省厦门市集美区集美大道668号华侨大学内
6	侨批文物馆	侨批文物馆于2004年开馆，新馆2013年开馆，是全国第一个侨批文物馆。馆藏侨批12万余件。该馆有"潮汕侨批文化图片展"，展出包括"侨批的历史轨迹""华侨情养生命线""侨批文化的研究""筹办侨批文物馆"四个部分的照片200幅，还陈列部分侨批原件、送批用具等文物。	旧馆：广东省汕头市金湖玫瑰园29栋西座 新馆：广东省汕头市金平区外马路18号
7	广东华侨博物馆	广东华侨博物馆于2009年建成开馆，藏品7000余件，设有"广东华侨历史"基本陈列，分为移民海外、艰苦创业、传承文化、浩气长存、情系乡梓、华侨事务六个部分，全面系统展示粤籍侨胞的移民史、发展史、贡献史和侨务工作史。	广州市越秀区二沙岛烟雨路32号
8	江门五邑华侨华人博物馆	江门五邑华侨华人博物馆于2010年落成开放，藏品30000余件，就数量而言，列华侨类博物馆之首，基本陈列分金山寻梦、海外创业、碧血丹心、侨乡崛起、侨乡新篇、华人之光六个部分，展现五邑籍华侨华人在海外的艰辛创业及回报家乡的感人故事。	广东省江门市文广新局院士路、五邑华侨广场东侧
9	南通华侨博物馆	南通华侨博物馆于2007年开放，坐落于南通博物苑内，现有馆藏文物史料30000余件，藏品2000余件（套），以南通籍华侨华人、杰出人物生平事迹为陈展主题。	江苏省南通市濠南路19号南通博物苑内
10	黑河旅俄华侨（旅苏、俄留学生）纪念馆	黑河旅俄华侨纪念馆于2007年开馆，展出人物900余位，实物1000余件。所展内容翔实、厚重，纵深100余年，涉及党、政、军、民、学、商、文化及隐蔽战线，是一部内容丰富的旅俄华侨史、早期马列主义思想在中国传播和留苏（俄）人员学习奋斗报效祖国史的教科书。	黑龙江省黑河市王肃街72号

（二）航海类博物馆现状

航海类博物馆是指涉及与海洋题材有关博物馆、展览馆、纪念馆（表二），其发展与中华人民共和国的建设同步，1959年成立的泉州海外交通史博物馆是我国最早的航海类博物馆。随后，以历史事件为主题的纪念性、遗址性的航海类博物馆是该行业早期发展的主力军，又如历史人物纪念馆，仅郑和纪念馆在中国内地就有三处。随着经济、文化、社会的发展，航海类博物馆呈现出专题化的发展趋势，包括岛礁博物馆、港口博物馆、灯塔博物馆、船舶博物馆及港澳台等地在民办民营中建立起来的海事博物馆等，涉及海洋文化、船政文化、海事民俗等观念形态，其中有多所博物馆独创性极强。在形式上既有政府支持的正在筹建中的国家海洋博物馆，被誉为"海洋中的故宫"，亦有依托军队、地方政府、高校资源，以及有财力的个人民间收藏等建立起的博物馆。截至目前，国内的航海类博物馆约有40家左右，且分布地域集中于山东、上海、江苏、浙江、港澳台等沿海地区。整体来说，中国航海类博物馆的发展理念先进，技术手段运用较为成熟，对海洋主题的挖掘较为充分，涵盖自然、科技、人文、历史、军事诸多领域，与现实需要结合充分，譬如中国岛礁博物馆致力于将整个海洋特别保护区的广阔海域作为天然舞台，建成开放的露天式的岛礁自然博物馆，将海上观光、海洋保护与海洋科普有机结合起来，获得了良好的社会效益、生态效益和经济效益。

航海类博物馆，正如其"海洋"主题一般有着博观古今的宏大视野，在其发展中，实现了自然与历史、科技与人文、军事与国防的完美结合。航海类博物馆在坚守本身责任，充分发挥其科普功能、国防教育功能、文化传播功能的同时，也成为当下建设海洋强国、贯彻"一带一路"建设、增强海洋保护意识的主力和重要战略支点。

二、华侨类博物馆与航海类博物馆首次对话与交流之实践——"馆长论坛"

对话是促进合作的首要要素，没有有效的沟通无法产生良好的合作，考虑到上述两类博物馆是首次接触，故采取依托专委会的平台召开馆长论坛的方式展开对话。2016年年底，为促进中国涉海类博物馆业内交流合作，构建海洋文化共享平台，切实推进中国涉海文化遗产的传承、保护、建设与传播，由中国博物馆协会航

表二 国内主要航海类博物馆一览表

序号	名称	简况	地址
1	上海中国航海博物馆	2010年全面建成开放，是中国首个经国务院批准设立的国家级综合性航海博物馆，由交通运输部和上海市政府在上海共建。室内展示面积达两万余平方米，馆内展区分为三层，第一层设置航海历史馆、船舶馆、船员馆，以及渔船与捕鱼专题展区；第二层设置航海与港口馆、海事与海上安全馆、军事航海馆，以及航海体育与休闲专题展区。博物馆还建有天象馆、4D影院和儿童活动中心。	上海市浦东新区南汇新城申港大道197号
2	泉州海外交通史博物馆	1959年创建，新馆于1991年落成，有开元寺馆和东湖新馆两个馆区。共有泉州湾古船陈列馆、泉州港与古代海外交通史陈列馆、泉州宗教石刻陈列馆、中国舟船世界陈列馆、阿拉伯-波斯人在泉州陈列馆、泉州海交民俗文化陈列馆、庄亨岱藏品馆。	旧馆：福建省泉州市开元寺 新馆：福建省泉州市东湖
3	广东海上丝绸之路博物馆	2009年开放，总建设面积1.75万平方米，主要由"一馆两中心"（广东海上丝绸之路博物馆、海上丝绸之路研究中心和研发中心）构成，设有陈列馆、水晶宫、藏品仓库等设施。主要展出的是沉寂于海底800多年的宋代商贸海船。	广东省阳江市海陵岛十里银滩
4	中国甲午战争博物馆	建于1985年，属纪念遗址性博物馆，以北洋海军和甲午战争为主题，场馆组成包括炮台、陈列馆、刘公庙、龙王庙、水师学堂、丁汝昌纪念馆、北洋水师提督、北洋海军将士纪念馆。馆内收藏展示着许多珍贵的历史文物，济远号舰双主炮，济远铁锚，英国皇家海军训练用鱼雷等海底出水巨型文物，北洋海军委任状、望远镜、怀表等珍稀遗物。	山东省威海市环翠区刘公岛丁公路
5	鸦片战争博物馆	始建于1957年，鸦片战争博物馆（与虎门林则徐纪念馆、海战博物馆三个馆名一套班子），是纪念性和遗址性相结合的专题博物馆，后又成立沙角炮台管理所和威远炮台管理所。该馆负责收藏、研究、陈列林则徐销烟与鸦片战争文物史料，保护林则徐销烟池与虎门炮台旧址及有关文物，利用这些文物资料向广大观众进行爱国主义教育。基本陈列是"虎门销烟""鸦片战争"。	广东省东莞市虎门镇解放路113号
6	中国船政文化博物馆	为中国首个以船政为主体的博物馆，馆内陈列分为序厅、船政概览厅、船政教育厅、船政工业厅、海军根基厅、船政名人堂六个部分。通过大量珍贵文物、图片、模型及各种仿真场景，运用声光电等现代手段多角度综合展示了中国船政在中国先进科技、新式教育、工业制造、西方经典文化翻译传播等方面取得的丰硕成果。	福建省福州市马尾区昭忠路马限山东麓

序号	名称	简况	地址
7	嘉兴船文化博物馆	2003年建成开馆,为国内首家船文化博物馆,展示内容分四大块:舟船史话、水乡船韵、名船世界、船舶科技。"舟船史话"以八个大展柜讲述了八个动听的故事。"水乡船韵"生动形象地展现了江南水乡舟楫人家尽枕河、系船杨柳画中村的风俗民情,极富知识性与观赏性。"名船世界"由中国古船、西洋古船、近现代战舰、现代民船四部分组成,模型精制,展示了世界航海史上众多的科技成果,同时也是人类探索利用大自然的杰出代表作。	浙江省嘉兴市栅堰路36号
8	浙东海事民俗博物馆	2001年成立,位于宁波市庆安会馆内,以全国重点文物保护单位庆安会馆为依托,设有《明州与妈祖》大幅连环画,"宁波与'海上丝绸之路'"图片展、"千年海外寻珍"图片展及妈祖祭祀实景、"妈祖与中国红"等陈列。	浙江省宁波市江东区江东北路
9	中国灯塔博物馆	该馆所在的岱山县竹屿新区,为国内首个以灯塔为主题的旅游景区,基本陈列为"世界灯塔历史文化和中国灯塔发展史",整个建筑是仿美国著名的波特兰灯塔造型,以1:1的比例建筑而成。陈列以图片和实物相结合,介绍了世界灯塔历史文化和中国灯塔发展史。	浙江省岱山县竹屿新区
10	中国港口博物馆	2014年建成开馆,为国务院正式命名的国内规模最大、等级最高的综合性港口专题博物馆。场馆组成包括中国港口历史馆、现代港口知识馆、港口科普馆、"数字海洋"体验馆、"北仑史迹"陈列、"水下考古在中国"陈列。该馆以港口文化为主题,集展示、教育、收藏、科研、旅游、国际交流等功能于一体,体现国际性、专业性、互动性,是传承港口历史、挖掘港口文化的文化基地,更是新世纪"海上丝绸之路"的文化支点。	浙江省宁波市北仑区春晓街道港博路6号

海博物馆专业委员会主办,中国博物馆协会华侨博物馆专业委员会、中国航海学会航海历史与文化研究专业委员会协办,宁波市文物保护管理所(浙东海事民俗博物馆)承办的中国涉海类博物馆馆长论坛在浙东海事民俗博物馆成功举办。

就论坛的主题"丝路·行舟·越洋人"而言,"丝路、行舟"体现了海上丝绸之路的宏大视野,"越洋人"则关注了海上丝绸之路价值的创造者,引出对新海上丝绸之路建设和航海类博物馆、华侨类博物馆发展的系统思考,兼具理论和实践意义。就论坛的邀请对象"涉海类博物馆"而言,凡所谓"有海水处有华人",华侨自古至今与海洋有着密不可分的关系:华侨乃海洋行舟越洋人,华侨从古代扬帆世界、通商贸易、出洋经商的海上丝绸之路,到契约华工,出洋做工,到衣锦还乡,省亲、投资兴业,都离不开海洋、帆船、货轮和港口码头。海洋行舟成就了华侨,华侨造就了海外唐人街和国内侨乡,繁荣了海上交通业,催生了世界船王,架起联系中外人文交流和经济贸易的桥梁。基于对华侨历史的考察,华侨类博物馆自然归属于涉海类博物馆的行列。

论坛作为对话的平台,使得来自北京、上海、广东、浙江、山东、广西等地的航海博物馆专委会和华侨博物馆专委会名下的二十多家成员单位,围绕"丝路·行舟·越洋人"的主题,分别就"21世纪海上丝绸之路"建设与博物馆发展、涉海类博物馆藏品建设与资源共享两大议题展开了较为充分而积极热烈的交流讨论,内容涵盖海洋及海洋历史文化遗产的关注、保护和利用,大运河申遗及"海上丝绸之路"申遗等。华侨博物馆专业委员会主任黄纪凯特别指出,以华侨华人为主的越洋人,创造了涉海历史文化遗存的诸多价值,促进了中外经济文化社会的交往与交流,成为两类博物馆主题之所以联系的关键所在。各个馆在介绍基本情况的基础上,围绕自身特色,着重就博物馆与社会的联系,博物馆发展理念中切入国防、军事、科技近代化的视角,博物馆在海上丝绸之路中的历史地位,博物馆在区域联动下社教功能的充分发挥,博物馆以参与区域文化建设为契机大兴文创产业、海洋文化艺术类博物馆独辟蹊径之成功经验等好的做法进行分享。会后，笔者尝试思考并分析这场跨行业博物馆思想盛宴之核心所在：即在响应国家"一带一路"建设、海洋强国战略的背景下，涉海类行业博物馆如何抓住前所未有的历史发展机遇，更好地发挥社会功能、体现社会价值，从而获得社会的认可与支持，引领乃至带动整个国内行业博物馆实现新一轮发展的突破。

依托华侨博物馆专委会与航海博物馆专委会平台打造的对话形式的馆长论坛，旨在加强华侨类博物馆与航海类博物馆的联合，彼此加深认识和了解，探索并打通未来交流、合作与发展的诸多可能和联系渠道。难能可贵的是，论坛全程洋溢着文博人之间特有的情谊，这种似乎发自天然的情感纽带和精神桥梁，作为一种"软实力"，是两类博物馆通过合作共谋发展的坚实基础。

三、华侨类博物馆与航海类博物馆建设与合作发展：条件与内容

国际视野下文博业界内部乃至跨界的合作历来受到重视。如新西兰国立博物馆认为自身的重要职能之一就是推动博物馆间的合作、降低合作的可能性障碍。日本博物馆协会的报告《博物馆的对话与合作》中指出，博物馆间应进行相互的沟通，将是实现21世纪博物馆远景的关键。

（一）合作条件之分析

笔者认为，华侨类博物馆与航海类博物馆展开合作，具备六个客观有利条件：

一是二者同属行业博物馆，存有行业博物馆共有的优势及共同存在的问题。行业博物馆就当前来看，无论就数量、品质，还是历史、规模，显然比较落后，难与时代的发展接轨。华侨类博物馆与航海类博物馆展开合作，取长补短，协力前行，联合力量引领和带动中国行业博物馆的新发展。

二是主题密切相关。自古至今，"华侨"与"海洋"密不可分。航海类博物馆与华侨类博物馆之共同联系在于涉海历史文化遗存及其价值，越洋人作为价值的创造者，以华侨华人为多数。虽就直观看来，华侨类博物馆多属人文历史类，航海类博物馆侧重于科技类、军事类、历史类博物馆，但二者能围绕"越洋人"开拓出广泛的合作领域，在藏品征集、展示陈列、文创开发等领域有着众多合作机会，甚至可以共同探索实现博物馆文化事业与文化产业同步发展的双赢局面。

三是响应当下国家战略。基于海洋于今日世界之重要性及"一带一路"，尤其是"21世纪海上丝绸之路"战略的提出，关注海洋及海洋历史文化遗产的保护和利用，是涉海类博物馆的使命与职责所在，给航海类博物馆，以及与之紧密关联的华侨类博物馆提供了无与伦比的发展机遇和无比广阔的发展空间。关注、保护、利用海上丝绸之路沿线的人类文化遗存的重点是反映中外经济文化交流的藏品。应发挥两大行业博物馆的优势，共同为"一带一路"建设服务。历史上，海上丝绸之路的真正价值在于，其使得为数众多的国家和地区得以开展积极有效的经济文化交流，并于其中形成了璀璨光辉的历史文化遗存。而新"海上丝绸之路"较之历史上的海上丝绸之路，涉及地域更广、人口更多，将在人类文明发展史上作出新的贡献。

四是所在地理区域多有重合性。在广东、福建等著名侨乡之地，华侨类博物馆与航海类博物馆并兴共荣，譬如泉州华侨历史博物馆和泉州海外交通史博物馆、中国船政文化博物馆，广东华侨博物馆与广州博物馆、广东海上丝绸之路博物馆、鸦片战争博物馆。尤为值得一提的是，泉州华侨历史博物馆分别是两个专委会的成员单位，处于侨乡的泉州华侨历史博物馆旨

在反映海上丝绸之路沿线的泉籍华侨华人作为联系中外的桥梁和纽带,其价值不可估量。

五是各自依托专委会的发展平台。随着行业博物馆意识的不断增强,在行业博物馆迅速发展的表象下,仍存在诸如社会影响力、资金支持、制度建设、藏品征集、学术研究等方面的不足。为促进行业内部交流合作,在藏品征集、展示陈列、学术研究等方面实现资源共享、共同提升,在中国博物馆协会指导下,华侨类博物馆和航海类博物馆内部分别开始联合,规划本行业发展,提升本行业形象,华侨博物馆专业委员会和航海类博物馆专业委员会相继成立。

华侨博物馆专业委员会成立于2011年9月6日,由华侨华人、归侨侨眷专题博物馆、纪念馆、文化馆、展览馆(或主办、主管机构)、文献收藏及研究机构,以及专业工作者、学者和社会热心人士组成。华侨博物馆专委会主要开展以下工作:建立会员交流网络平台,组织学术研究和交流活动,协助会员开展华侨华人、归侨侨眷历史文物的征集工作,推动华侨历史遗存的保护和利用工作;组织专项考察和培训,提高会员单位从业人员的业务素质与能力;编辑出版会刊、通讯,组织编译、编著、出版相关书籍及音像制品;组织举办专题展览,开展业务成果评奖活动;接受委托开展相关业务咨询与评价活动,承担相关科研课题或研究项目;组织研究制定涉侨文物的分类方法及鉴定标准。

航海博物馆专业委员会成立于2014年6月26日,是在中国博物馆协会领导下,由涉及航海、水运、船舶、海洋及相关领域的专家、学者、博物馆和社会组织自愿组成的公益性群众团体。其宗旨是加强和促进航海类博物馆之间及博物馆与航海相关行业、团体之间的紧密联系,促进相互交流,加强优势互补,提高和推动航海类博物馆事业繁荣和航海文化发展。作为凝聚我国航海类博物馆力量的重要平台,航海博物馆专业委员会在提高航海文博业务质量与标准、维护国内航海类博物馆的专业联系、协调博物馆与航运系统资源等方面发挥了核心组织作用。同时,作为中国航海类博物馆的联盟团体,航海博物馆专业委员会将成为我国与国际航海博物馆界、航运界保持对话的窗口,提供自由交流和合作共赢的业务平台,促进文化友谊和相互支持,为提升我国在世界航海界的影响力、全面建设"海洋强国""21世纪海上丝绸之路"服务。

经过数年的发展,华侨博物馆专委会和航海博物馆专委会在指导、带动各自成员单位本身发展和提升的基础上,积聚了力量,储备了能量,为二者日后开展合作打好了坚实的基础,这在众多行业博物馆中实属难能可贵。据笔者统计,截至2016年底,中国博物馆协会指导下的36个专委会中,行业博物馆专业委员尚不足10个(表三)。

六是二者致力于学术建设。上海中国航海博物馆自2010年开馆以来,已连续举办六届涉海主题国际学术研讨会(表四)。该馆旨在将学术会议作为中外航海文化交流的起点,将高质量、高起点、高品位的学术论坛常态化,形成国内外有影

表三 中国博物馆协会行业博物馆专业委员会列表[①]

序号	行业博物馆专业委员会名称	成立时间	挂靠单位
1	航海博物馆专业委员会	2014	上海中国航海博物馆
2	华侨博物馆专业委员会	2011	中国华侨历史博物馆
3	钱币与银行博物馆委员会	不详	中国钱币博物馆
4	服装博物馆专业委员会	不详	中国妇女儿童博物馆
5	"丝绸之路"沿线博物馆专业委员会	2010	甘肃省博物馆
6	城市博物馆专业委员会	2007	上海市历史博物馆

表四 上海中国航海博物馆主办国际学术研讨会概况

届数	主题	时间、地点	主办
第一届	中国航海文化之地位与使命	2010年、上海	中国航海博物馆
第二届	航海——文明之迹	2011年、上海	中国航海博物馆、大连海事大学
第三届	上海：海与城的交融	2012年、上海	中国航海博物馆
第四届	文化力量与博物馆的挑战	2013年、上海	中国航海博物馆
第五届	人海相依：中国人的海洋世界	2014年、上海	中国航海博物馆、中国海外交通史研究会、泉州海外交通史博物馆
第六届	丝路的延伸：亚洲海洋历史与文化	2015年、上海	中国航海博物馆、澳门大学、奥地利萨尔茨堡大学、加拿大麦克吉尔大学、中国博物馆协会航海博物馆专业委员会、中国航海学会航海历史与文化研究专业委员会

响力的高端航海文化品牌，更好地服务于中国航海文化的建设。由该馆主办、2012年创刊的《国家航海》，现已成为国内知名的以航海历史与文化研究为核心内容的国际化专业学术刊物，刊载论文以中外航海文史研究为主，涉及海洋史、海上贸易、航海文物、交通航路、古代造船、水下考古等诸多方面。

中国华侨历史博物馆成立时间尚短，但在学术研究方面亦甚为重视。2015年，博物馆仅成立一年之际，就与北京大学华侨华人研究中心联合主办"华侨博物馆与华侨华人研究"国际学术研讨会，会议论文亦结集出版，该研讨会在华侨博物馆发展史上之重要贡献在于，打通了与清华大学、北京大学、暨南大学、江门五邑大学等涉侨领域学术重镇，乃至新加坡、日本等国外著名学者的学术联系；而该研讨会论文集之重要贡献则在于以一种学术出版物之形式，在国内首次开创了"华侨博物馆"知识领域，其书之目录、收文已初步反映出该领域的研究对象与研究内容（表五）。

可见，两家博物馆及各自带动的专委会自成立之始，就将学术研究视为博物馆工作的重中之重，并主要采用举办学术研讨会的方式，提升水平，充实力量，参与对话，努力树立各自在专业领域的学术影响力，其发展理念不谋而合。

（二）合作内容

航海类博物馆与华侨类博物馆合作的首要目标在于，如何有效保护、管理和利用涉海涉侨类文博资源，实现跨行业博物馆信息共享。笔者试从六个方面的业务工作内容入手，就二者如何开展合作，提出一些设想。

1. 收藏合作：资源共享、互通有无

理念是博物馆的灵魂，藏品是博物馆的生命，藏品之于博物馆之重要意义，"一个博物馆有了丰富的、高质量的馆藏，它的教育功能、科研功能才能成为有源之水、有本之木"[2]。航海类博物馆与华侨类博物馆在收藏题材上有相似性。

（1）藏品来源渠道的互通有无

华侨类博物馆与航海类博物馆由于所涉主题的相近，可以互相扩充信息来源渠道，提供藏品征集信息，通过彼此的分享、互助充实藏品储备。譬如在馆长论坛期间，多家博物馆在充分表达其扩充藏品渠道的需求和意愿后，得到了一定程度和范围的回应和帮助。

（2）藏品流动办展的资源共享

不同博物馆通过展品的借展进行的交流合作是非常有益的，一方面藏品的流动借展可以提高展品的利用率，服务更多的公众；一方面对于拥有大量藏品的博物馆来说，使得更多的藏品得以展示，且减轻了保护和储存的成本。二者的合作，极大可能地将涉海涉侨的藏品推进了公众的视野，规模化、集团化地扩大了行业博物馆的影响力。

2. 研究合作：主题、领域与学术出版

博物馆作为学习和研究的中心已经成为一种传统。博物馆中的许多研究都是

表五 《华侨博物馆与华侨华人研究》目录概况

序号	目录	收录之代表性文章	作者
1	主题演讲	《博物馆、文化遗产与华侨华人研究》	陈志明
		《如何增强博物馆的公共教育服务功能》	陆建松
2	华侨博物馆研究	《普及性与专业性：华侨文物征集、历史研究与华侨博物馆的角色定位》	李盈慧
		《华博收藏之新视野——华侨民间文献与华侨博物馆馆藏建设》	徐云
		《马来西亚华人民间文物馆的社会功能与发展论析》	陈琼渊
3	华侨文物研究	《东南亚侨批的征集、研究及对于"21世纪海上丝绸之路"的意义》	黄清海
		《从华侨文物看华侨华人对中华文化的移植——以中山市博物馆藏华侨文物为例》	邓玉柱
		《关于开展华侨文物鉴选、分类、定名及定级参考标准研究的几点思考》	王晓靖等
4	涉侨展览与跨文化研究	《物质文化：华侨华人研究的新视角——以〈邮票上的华侨史〉专题展为例》	王苍柏
		《被忘却的纪念——1984—1986年董教总全国性华教史料巡回展览初探》	陈业诗
		《海外侨社、唐人街与移民的文化传承——以越南华侨华人的海神信仰为例》	刘俊涛
5	华侨博物馆工作探讨	《日本神户华侨历史博物馆的历程与展望》	蒋海波
6	华侨华人研究	《宗风远邈 与时俱进——新加坡宗乡总会对华族文化的贡献》	柯木林
		《华侨华人与中国的关系：侨批业之视角》	程希

通过合作开展的，并且常常是通过长期合作逐渐建立的，合作的对象除了博物馆、大学及其他的研究机构，还有一些独立的学者和研究人员组成的群体。同属文博领域的华侨类博物馆与航海类博物馆展开合作，有着区别于与学校、科研机构及学者、研究人员合作的特点和优势，尤其在主题、内容、形式及学术成果社会化等方面，二者的合作将开拓出一片新的天地。

（1）研究主题与研究领域的合作

自习近平主席提出建设"新丝绸之路经济带"和"21世纪海上丝绸之路"的构想以来，中国政府全力构建全方位开放新格局，积极探索国际合作及全球治理新模式，取得了国际社会的广泛赞誉和丰硕成果。海上丝绸之路既是商贸文明之路，也是移民发展之路。华人华侨是古代海上丝绸之路建设的重要参与者和历史见证者，在中华文明的历史进程中发挥了重要作用。

如何充分认识华人华侨和东南沿海传统侨乡在建构新世纪海上丝绸之路中的角色与地位，更好地引导和带动涉侨类、涉海类博物馆资源投入或服务于"一带一路"文化发展建设，无疑是当前阶段这两类博物馆从业人员应有的思考，乃至工作侧重之一。

此外，从海洋角度对华侨出洋经历（包括规模、路线、海况、离别情愫等）的研究较为匮乏，而这对于航海类博物馆与华侨类博物馆的合作，自航海角度来研究、展现华侨华人的历史，不失为一种创新探索。

（2）以学术出版物为媒介展开的合作

中国航海博物馆主办的《国家航海》已连续出版十八辑，该刊编委不仅有国内相关领域学者，亦有日本、韩国、美国、加拿大、瑞典、英国、丹麦、德国、法国、意大利、澳大利亚等国的学者、专家，且收录文章之作者身份背景多元，围绕海洋主体展开了多学科、跨文化的研究,真正体现出国际化学术刊物办刊视野。值得注意的是,《国家航海》所收录文章中但凡涉及到人的题目,总是与华侨有着千丝万缕的联系,试以2016年11月出版的《国家航海》中相关文章做一说明(表六)。

中国华侨历史博物馆汇编的学术成果主要体现在2014年出版的《中国华侨历史博物馆开馆纪念特刊》(以下简称《开馆特刊》)和2016年出版的《华侨博物馆与华侨华人研究》两部学术论文集中,涉海涉侨文章见表七。

由表六、表七可知,航海类博物馆与华侨类博物馆就研究主题、领域来说,有着交叉性、复合性和跨界性,二者的学术成果可以互相借力推介。

3. 展示陈列合作:视角互借、内容互补

两千多年前,古人扬帆起航,惊涛骇浪,闯荡出一条连接东西方的海上丝绸之路。凭借丝路,中国将铁器、瓷器、漆器、丝绸传到西方,西方带来了胡椒、亚麻、香料、葡萄、石榴。海上丝绸之路成为古代世界各国、各地区、各民族开展贸易和文化交流的重要途径。中国航海博物馆作为全国唯一的航海类专题博物馆,肩负着"弘扬航海文化、传播华夏文明"的使命,馆内不仅展示有郑和下西洋时期使用最多的木帆船福船模型,还有一批与海上丝绸之路相关的广州十三行瓷器、海捞瓷等重要藏品。

自古有言"有海水处有华人",船舶自是连接华侨与海洋的媒介,数量众多的华侨博物馆,走入序厅甚至展厅,首先映入眼帘的就是船。两者在展陈的合作上一是策展视角的创新:从海洋的角度展示华侨华人,从华侨华人的角度介绍海洋,都可以开发出创新性项目;二是展览内容的互补,各自主办的专题展览中,总能找到相互关联的内容,借以进一步补充完善丰富现有的展览基础。值得注意的是,制作或参与巡回展,历来是扩大社会公众与博物馆接触范围的重要方式,两者合力办巡展,在巡展过程的前、中、后各个阶段,搭建起了体系化的合作模式。有感于内陆省份对于华侨、海洋题材接触较少,两者可以举合力拓展其对涉侨涉海知识认知渠道有限的群众的影响力。

4. 社会教育合作:知识互证、兴趣迁移

教育是博物馆作为公立机构的核心使命之一。教育是博物馆发挥社会价值的有

表六 2016年11月出版的《国家航海》涉海涉侨文章一览表

序号	文章题目	作者	出处
1	《首位访荷华人恩浦的真貌》	包乐史	《国家航海》第十七辑第1-8页
2	《元初至明中叶南海区域的妈祖和玛丽亚:可能的相遇与其背景》	蔡洁华、普塔克	《国家航海》第十七辑第9-22页
3	《轮船时代的海上丝绸之路》	松浦章	《国家航海》第十七辑第122-132页

表七 《开馆特刊》与《华侨博物馆华侨华人研究》涉海涉侨文章一览表

序号	文章题目	作者	出处
1	《海上丝绸之路与华侨》	廖大珂	《开馆特刊》第108-128页
2	《东南亚侨批的征集、研究及对于"21世纪海上丝绸之路"的意义》	黄清海	《华侨博物馆与华侨华人研究》第143-154页
3	《潮侨与海上丝绸之路——文物、遗迹与文献资料的考察》	黄晓坚	《华侨博物馆与华侨华人研究》第155-175页
4	《海外侨社、唐人街与移民的文化传承——以越南华侨华人的海神信仰为例》	刘俊涛	《华侨博物馆与华侨华人研究》第302-307页
5	《近代海上丝绸之路先驱张弼士》	王明惠	《华侨博物馆与华侨华人研究》第368-372页

力媒介。通过对教育项目的重视,博物馆既提升了公众的参与度,同时也回应了国家对博物馆这样一个终身教育、非正式教育机构的定位。在社会教育方面,如何激发观众对行业博物馆的兴趣,历来是博物馆研究的重要课题。涉海博物馆多侧重于少年儿童收获自然知识,华侨华人博物馆则侧重于给少年儿童以人文教育,二者的主题既有区别又有联系。事实上,将两个领域的知识巧妙地联系起来,适时调整,互为印证,既使博物馆传播的知识变得较为全面立体,又极大地引起了观众的兴趣,并能起到吸引新的观众群的作用。也就是说,二者在本质上是一种"弱竞争强合作"[3]的关系,在日常生活中可以看到的现象是,观众到一个地方,看完海洋也想看华侨,譬如在泉州,看完海外交通史博物馆又想看华侨历史纪念馆,这就是因为先去一个馆继而引发了兴趣,又去另一个馆。人文历史与自然科技互相补益,从不同的视角充实着观众的知识和眼界。

5. 文化创意产品合作:挖掘、接力与拓展

鉴于文化创意产品(也称衍生品)的开发是当今世界博物馆界的重要课题,我国也迈开了启动文创产业的步伐。中国华侨历史博物馆与中国航海博物馆均入选全国博物馆文化创意产品开发首批试点单位,以两者为代表的华侨类博物馆和航海类博物馆,其行业主题本身都具有内涵丰富、外延广大的特点,有着无比丰富的文化资源待以挖掘,以创新的思维将两者相结合,必将碰撞出不一样的火花。中国华侨历史博物馆于筹备馆建时邀请美术专业人士创作的49幅装饰画,所取材之侨乡民俗文化元素,如侨乡福建蜿蜒曲折的海岸线上,以吃苦耐劳、拼搏进取、孝亲敬老著称的湄洲女、惠东女和蟳埔女三大渔女形象(图一),以及肇于宋、成于元、兴于明、盛于清、繁荣于近现代而世界闻名的妈祖文化,都有着海洋文化的独特印记和古代海上丝绸之路的遗踪,可作为涉海博物馆的文化创意元素。该馆以这些装饰画为素材,精心编排后配以文字说明编辑出版的《异彩与变幻——侨风侨情装饰画创作集锦》也已出版。

2017年,中国航海博物馆举办了"重现海丝繁华"2017年首届文创设计大赛,"首届"一词可看出主办者连续推动之意,征稿范围之"全国"可见其扩大社会影响力之用心,该大赛旨在进一步挖掘提炼"海丝"文化元素,并转化为富有创意的文创产品,让走进博物馆的观众更直观了解海上丝绸之路文化内涵和特色,而华侨题材设计画作的支持、助力与参与,必将为此次大赛带来人文气息浓郁的清风。

6. 人才培养合作:互派与交流,学习与实干

人员培训、专业发展及职业规划被认为是博物馆在人才队伍建设方面非常重要的工作。博物馆之间进行合作,开展彼此之间的人员交流项目,对于博物馆团队能力的提升有巨大的帮助,而对于个人而言,也是发展能力的良好机会。航海类博物馆与华侨类博物馆在专业人才的培养与锻炼上,若能加强双方从不同角度对各自行业领域的理解,实现收藏、研究、展示

图一 中国华侨历史博物馆侨风侨情装饰画——《惠东女》

陈列、社会教育等业务工作的交流，必将以"他山之石，可以攻玉"的方式创新性地提升人员的业务能力和综合素质。现任中国华侨历史博物馆馆长黄纪凯曾说过："能够称得上华侨博物馆专家的人一定是在华侨博物馆工作中逐步成长起来的。"[4]华侨类博物馆如此，航海类博物馆亦如此，数量众多、规模庞大的行业博物馆更是如此。二者（日后将有更多行业博物馆参与进来）将专业人员互派交流，使得其在与自己博物馆有所关联的博物馆中学中干、干中学，开阔视野、拓展技能，从而最终实现二者整体实力的提升。

四、结语

行业博物馆通过合作，使得其存在和发展的社会价值得以充分彰显。在未来，一方面我们希望二者的合作在深度上有所体现，即挖掘出更多合作的可能性，另一方面，也希望将这种合作拓展到其他行业博物馆、行业博物馆专委会等更为广阔的领域，扩大合作对象，寻找到更多合作的契机，打通联系，实现行业博物馆整体理论与实务的双提升。需要注意的是，行业博物馆之间合作，需要根据合作对象的不同采取有针对性、具体化的合作策略。从而最终实现行业博物馆"合作主题常态、合作平台完善、合作机制健全、合作行动持续、合作效果明显、合作利益显著"的局面，共存共荣，协同发展，在中国博物馆界独树一帜。

① 中国博物馆协会官网主页>分支机构>专业委员会简介：http://chinamuseum.org.cn/plus/list.php?tid=109 2017-8-4。

② 苏东海：《论博物馆及博物馆学之中国特色》，载《博物馆的沉思——苏东海论文选》，文物出版社，1998年，第38页。

③ 陈国民：《谈博物馆合作的四种情形》，《江苏博物馆群体内部的交流与合作——江苏省博物馆学会2014年学术年会论文集》，2014年。

④ 黄纪凯：《关于华侨博物馆的几点思考》，载《中国华侨历史博物馆开馆纪念特刊》，中国华侨出版社，2014年，第18页。

（作者单位：中国华侨历史博物馆）

市场营销机制下的博物馆文创产品开发

——以北京鲁迅博物馆（北京新文化运动纪念馆）营销活动为例

刘 欣

"博物馆营销"（Museum Marketing）在国内博物馆行业已经不陌生，2016年国务院《关于推动文化文物单位文化创意产品开发的若干意见》（以下简称"若干意见"）中明确提出博物馆应该"完善文化创意产品营销体系""创新文化创意产品营销推广理念、方式和渠道""鼓励结合陈列展览、主题活动、馆际交流等开展相关产品推广营销。积极探索文化创意产品的体验式营销"。在良好的政策背景下，我国博物馆已经认识到了应该转变传统的体制性思维，利用市场营销机制开发出具有审美性、科学性、历史性和教育性的文创产品，让博物馆成为联结社会与公众的文化纽带。博物馆的发展需要进行市场营销规划，当今对博物馆市场营销、博物馆文创产品的概念也有了更新的理解。北京鲁迅博物馆（北京新文化运动纪念馆，以下简称：鲁新馆）作为全国博物馆文化创意产品开发的首批试点单位，利用市场营销的理念与工具进行了一系列文创产品综合性开发的尝试，在文创实践中取得了较好的效果。本文拟通过对鲁新馆文创营销案例的详细分析，进而探讨博物馆应该如何引入市场机制开发观众所需要的文创产品。

一、博物馆营销与文创产品开发

苏东海认为，从社会史角度看，博物馆作为一种社会现象，经历了私人秘藏阶段、社会上层开放阶段、社会公众开放阶段和博物馆发展外化阶段[1]。当今的博物馆，早已打破了二元对立的说教式教育模式，以观众为中心的主动探索式非正式教育场所成为了博物馆形态的新理念，传统的说教模式得到了调整，对观众的期望与需求受到了前所未有的关注，最终实现了从"博物馆教育"到"博物馆学习与体验"转变。市场营销，因其聚焦于参观者和消费者立场上的博物馆体验，反映出博物馆演进的最近阶段[2]。西方学者研究证明，市场营销工具的引入能够有效提高博物馆的发展能力。美国营销大师菲利普·科特勒（Philip Kotler）在20世纪60年代末就注意到博物馆等非营利组织的特点不同于传统企业的营销，扩充了市场营销的外延，1998年，他与其兄弟尼尔·科特勒（Neil Kotler）合著《博物馆战略与市场营销》一书，指出博物馆可以利用展览规划和市场营销的工具来达到坚定博物馆使命的同时提高产品及服务的品质，并获得最大量的观众。博物馆市场营销是实现博物馆职能及进行管理的工具，应该消除将博物馆市场化与商业化的担心。博物馆面临着文化竞争，虽然经济不是博物馆竞争的杠杆，传统博物馆不完全受市场机制的支配，但在新时期，博物馆所承载的文化责任更加凸显，博物馆更需要完善文化创意产品的营销体系。《博物馆条例》"博物馆社会服务"一章中明确指出，国家鼓励博物馆挖掘藏品内涵，与文化创意、旅游等产业相结合，开发衍生产品，增强博物馆发展能力。因此，博物馆需要改善管理，提升社会形象，更好地满足观众的文化需求。博物馆营销区别于市场销售，非盈利机构的市场学定位如下：尽管非盈利机构的市场学与工商界的市场学经常使用同样词汇甚至采用相同的工作方法手段，但它与工商界确实存在着很大的不同，因为非盈利机构所销售的是精神产品，是一种通过非盈利机构转化的价值观[3]。

伊莲·胡珀-格林希尔（Eilean Hooper-Greenhill）针对英国博物馆的发展困境，对公众进行细分，提出了目标观众（target audience）的概念[4]。其实，对消费者进行细分，有针对性地推出产品与服务的理念在市场营销领域是一个基本性概念，目前没有在中国博物馆业广泛普及。在市场营销管理中，细分市场（market segment）由在一个市场上有相似需求的顾客所组成[5]。研究人员通常按照消费者的地理、人文和心理特征、社会因素等特征来划分市场，对细分市场中消费者的购买能力、消费需求、消费习惯、市场吸引力等方面进行调查与研究，以确定正确的市场目标。企业开展营销工作，把握"以顾客为中心"的宗旨，为顾客设计适合的产品。在博物馆行业，已经从最初"以收藏为核心"的阶段，逐渐转向"以观众为中心"的主动探索式非正式教育阶段，开始重视观众的博物馆学习与体验。尹凯在《"从物到人"：一种博物馆观念的反思》中提到："以观众为中心"的概念实际上是把博物馆功能从收藏转向教育的另一种表达。并强调"人"不仅仅包括博物馆观众或社会公众，还应该包括物件背后的人及博物馆工作人员，而这三个对象所生产的新关系值得研究[6]。这一观点的提出，使得观众与博物馆之间的关系更为复杂化，相互对话与沟通是尊重"人"权益的体现，博物馆在重视观众、对观众需求进行充分满足的基础上，又要具有博物馆自身的文化立场，避免娱乐主义与庸俗主义。因此，博物馆领域的"以观众为中心"不完全等同于企业营销中的"以顾客为中心"，在利用营销工具来确立目标观众、满足观众需求的基础上，博物馆人应该站在特定的文化立场上，并懂得如何将博物馆特色文化、物件背后的故事打包成文化品牌，挖掘出不被观众所了解的深层文化内涵，通过营销手段主动推广出去，满足现实需求并挖掘潜在需求。

因此，博物馆不仅有义务理解和满足观众的需要、期望与诉求，并且应该积极推出博物馆的特色产品，打造博物馆文化品牌，在满足需求的基础上进行主动式营销导向。在对目标观众进行调查与研究后，博物馆需要决定最终给观众提供什么样的产品与服务，因此，对于"博物馆产品"的界定应该明确。《博物馆战略与市场营销》一书中所讨论的博物馆产品由六个基本要素组成，包括博物馆环境、藏品及展览、研究成果的文字内容、教育活动、接待购物等服务、对观众参观与体验的安排[7]。宋向光按照博物馆的性质将博物馆的产出分为专业性产出（内部性）、公共性产出（外向性）、服务性产出（经营性）等[8]。综合文化产业的角度，博物馆营销中所讨论的产品是"大文创"的概念，可将博物馆产品综合归纳为几类：1.藏品、展览、研究成果等博物馆基本职能而产生的主要性产品，包括藏品的整理与利用、特色展览的打造、研究成果的发布与转化。2.博物馆文化技术及研究成果提供的服务，包括艺术品鉴赏、文物保护与咨询服务、修复服务等。3.围绕藏品与展览所开展的社会教育活动与文化培训。

4.文化创意产品的开发，是对藏品资源与研究成果的实体产品与数字化产品的转化。5.博物馆文创商店、餐饮店的经营，休闲场所的服务。

无论是从对"物"转变到"人"的关注，还是以观众为核心，开始注重人与人之间的沟通与人文关怀，博物馆开发文创产品的最内在资源依旧是藏品，藏品也是博物馆有形资源的主体与无形资源的物质载体，是博物馆自身的文化立场之根基。让藏品"活化"，挖掘藏品的深刻文化内涵，让观众真正"把文化带回家"，就需要改变博物馆的传统身份，利用市场营销作为工具与手段，将藏品所承载的"文化"通过各种贴近大众的形式提供给社会，提高博物馆产品的品质。在变革与挑战之中，博物馆应采用新方法与新工具，为社会公众提供更加丰富多彩的精神文化产品。

二、"鲁新馆"营销案例的策划思路与活动设计

博物馆引入市场营销理念，聚焦于观众立场上的博物馆体验，为博物馆文创开发及市场经营带来了新的思路与方法。通过对营销理论的研究与探讨，鲁新馆决定利用市场营销工具，联合社会力量，策划一场以文创产品为主线的展览体验活动。

鲁新馆是国家文物局下属一级博物馆，分为鲁博馆区和红楼馆区，是全面展示鲁迅和新文化运动时期著名人物、重大事件的历史类综合博物馆。2017年"五四青年节"与"国际博物馆日"期间，针对红楼馆区的特点，博物馆策划了以"新文化、新美学、新生活"为主题的展览体验活动。红楼馆区是依托1918年落成的北京大学第一院（北大红楼）而建立的，是新文化运动、五四运动的发源地，全国重点文物保护单位、红色旅游景区。博物馆陈列以旧址复原为主，努力呈现1918年落成之后的北大红楼原貌的历史氛围，复原李大钊的图书馆主任室、毛泽东工作过的阅览室、学生大教室等旧址场景，给人以身临其境之感。在做好文物保护及陈列展览的基础上，努力探索文创产品开发的市场化新路径。博物馆始终把握清晰的策划思路，首先对博物馆现状及目标观众进行分析，确立明确的市场目标，进行详细的策略制定，引入企业参与市场化运作，最终取得了社会效益与经济效益双赢的效果。

首先，进行SWOT分析及观众研究。企业制订战略计划通常会经过SWOT分析（内外部环境分析）、目标制定、战略制定、计划形成、执行、反馈与控制等步骤。其中，对公司的优势（strengths）、劣势（weaknesses）、机会（opportunities）和威胁（threats）的全面评估称为SWOT分析[9]。SWOT分析是企业内部分析法，根据研究结果建立营销情报系统，以制定相应的企业发展战略、竞争战略及对策等。博物馆进行SWOT分析，能更好了解自身的特点与发展趋势，并提炼出最符合博物馆特色的文化符号，进而塑造文化品牌。鲁新馆的优势在于地理位置优越、文化特色定位明确。红楼馆区位于东城区五四大街29号，处在北京市内核心区，博物馆前的大街命名为"五四大街"，更加衬托出"全面展示五四新文化运动历史的综合性博物馆"的特色与使命。博物馆的劣势在于参观人数并不多（2017年96257人），但每年的"五四青年节"期间，博物馆都会迎来一年中最大量的观众，这一时期也是博物馆的机遇时期。尽管博物馆周围有中国美术馆、故宫博物院吸引了更多参观者，但红楼馆区的观众是具有一定文化情怀与特点的人群，从观众留言簿中看出，观众更喜欢复原陈列带来的历史体验感，配合基本陈列的知识介绍，能够获得更多对新文化运动以及历史演进的启发与思考。博物馆对文创商店的销售进行了详细分析，以了解消费者的购买市场与行为，销量排名前五的产品为：新文化名人书法及箴言书签、展览画册、鲁迅印章杯

子、《新青年》杂志封面笔记本、新文化名人手迹便签本。这些产品都具有比较鲜明的文化元素，是博物馆特有的产品。面对"红"五月的市场，并结合自身的特色，博物馆又进一步做了观众数据分析，按照参观形式、年龄层、地域特征等对观众进行分类。综合以上分析，博物馆还面临资金匮乏、专业人才缺失、市场化运作能力较差等劣势，因此，博物馆决定联合社会企业，利用企业资金充足、营销人员专业化、市场运作手段灵活等特点，共同开展此项活动。最终，针对中青年人细分市场，由企业投资，确定了在"五四青年节"期间推出"新文化、新美学、新生活"的文创主题展览体验活动。

接下来，需要确立明确的市场目标。博物馆评估员约翰·福克（John H. Falk）和林恩·戴尔金（Lynn D. Dierking）在1992年对2000多名博物馆观众进行了研究，其著作《博物馆体验》公布了调查结论：对相当比例的观众人群而言，学习知识、受到教育并不是他们参观体验博物馆的最佳效果，而某种特殊的环境、某次有趣的经历或与家人度过的愉快时光，却能够成为他们对博物馆永久性的记忆[10]。体验经济时代给博物馆的展示与教育带来了新的机遇，基于该项研究的结论，结合博物馆自身传统展览的情况，针对"五四青年节"的重要事件及时间点，希望能给观众呈现一个互动体验式的展览，将实体文创产品和服务型产品作为展品，营造一个符合"新文化"特点的人文空间。展览体验活动将文创产品与服务、新文化及美学观点、新体验融入到生活，更贴近青年群体对"新"的需求，让中年群体回味青春与美，是博物馆推出的一套体验式展示、系列化活动、实体型与服务型产品综合的"大文创"尝试。

通过对背景与现状进行分析，对消费者市场进行研究，并确立了明确的市场目标后，博物馆制定了一系列比较详细的营销策略。

1. 产品差异化策略。首先，产品是市场营销组合中最重要的因素，满足目标市场的需求就要选择好相应的产品。此次文创体验活动所尝试的是"大文创"，因此，产品包括展览本身及环境、实体文创产品、服务型产品，展览作为最大的产品之一具有可参观性、可触摸性、可体验性。展览分为"新文化""新美学"和"新生活"三个部分。"新文化"部分讲述了历史背景知识，将红楼的老砖墙及瓦片原件陈列出来，配合多媒体生动讲述历史与文化，从文学、教育、服饰、饮食、居住、出行、家庭等方面把新文化的学术理念融入到生活中，设有书画体验区、茶道互动区。"新美学"展区从哲学与美学、美术、音乐、雕塑、戏剧等方面进行细致展示，设有手工制作银器的活态展示区、3D打印展示区、茶艺品鉴区、定制手工艺产品专区。"新生活"展区展示了新文化对城市文明的影响，设立了重点的互动体验单元，讲述新文化时期服装与造型的艺术，提供数十种服装供观众挑选，并有摄影师提供拍照服务。数百位观众在留言板上留下对这次新文化体验的"愉快""难忘""启迪""留恋"等感受。实体产品主要有批量生产的产品、DIY定制型产品、专属定制型产品、专属体验型产品。产品不是简单地在展览的出口或入口售卖，而是嵌入到展览的每个部分当中，让观众对文化触手可得，在体验中把文化带回家。服务型的产品包括围绕展览展开的教育活动与展览中休闲场所的服务：举办大学生及社会团体合唱、美学专家及新文化研究专家讲堂、陶笛表演、青少年师生沙画艺术表演、晚场烛光夜话等活动，19时19分"点亮红楼"等丰富的活动增强了展览的可观性；各个休闲与体验专区，各种专属定制型产品的售卖都有工作人员提供周到细致的服务。

2. 品牌策略。品牌是企业的无形资产，代表特定的商品属性、代表着能转化为功能性或情感性利益的属性、体现企业的某些价值感、附着特定文化内涵、反应出一定的个性、暗示了消费者的类型。博物馆注重品牌营销，能够树立起博物馆的文化形象，让观众对博物馆的文化产生良好的记忆。每个博物馆都有自身的特色与定位，围绕这些优势因素进行品牌定位与推广，将会提升博物馆的品牌资本，提升博物馆的知名度，从而吸引更多观众到博物馆来。鲁新馆抓住自身的特点，利用已经形成品牌的活动（每年五四时期的特色活动），推出"新文化、新美学、新生活"的展览品牌，这也是文创产品设计的主题，所有的实体产品与服务型产品都是围绕这一品牌进行。并且，规范产品包装、统一宣传口径，让这一品牌名称深入到观众心中。同时，规划这一主题的展览配合文创产品的全国巡展，打造真正符合博物馆自身特色的优势品牌与产品。

3. 定价策略。价格关系到市场对产品的接受程度，影响市场需求和企业的利益，涉及到生产者、经营者和消费者等各方面利益。但是，博物馆作为公益性文化单位，开发文创产品的目的并不是获得巨大的经济利益。在"若干意见"中也明确指出："要始终把社会效益放在首位，实现社会效益和经济效益相统一。"因此，博物馆文创产品在保证产品质量最优化的情况下并没有遵循一般市场营销的定价策略，而是在把握博物馆消费群的消费特点基础上，对产品价格进行阶梯性定价。从2017年鲁新馆的文创产品销售数据中可看出，74.7%的文创产品定价在30元以下。价格在300元以上的产品仅占总销售量的0.5%。因此，大量的生活小物品类产品、学习用品类产品都定价在30元以内，专属定制型产品价格偏高，满足特定人群的需要，体验型产品定价在100元以内，也受到了广大观众的欢迎。鲁新馆在保证社会效益优先的情况下实现了与经济效益相统一。

4. 促销策略。促销策略通常是通过人员和非人员的方式，沟通企业和消费者之间的信息，刺激消费者的购买行为，一般会利用人员推销、广告、公共关系和销售促进等方式。在鲁新馆的展览活动中，没有利用广告推广的手段，而是非常注重人员的现场讲解与推销。在对观众需求充分满足的基础上，同样注重物件背后的人及博物馆工作人员的讲述。博物馆人站在博物馆文化立场上，与观众进行平等对话，讲述红楼背后的故事，介绍产品的文化含义，讲解体验型产品的体验流程，将具有丰富内涵的品牌化产品推销给观众，观众在参观过程中，不仅仅对博物馆相关文化知识更加了解，而且对文创产品也产生了购买的动机。

三、"鲁新馆"营销案例的实体产品规划与营销推广

营销计划的核心是产品，而产品既包括有形物品也包括无形服务。上文已经提到了鲁新馆这次所开展的是"大文创"的尝试，所开发的产品就包括了有形的实体产品与无形的服务型产品。服务型产品只能在展览现场进行体验与感受，实体文创产品不仅仅可以在展览所塑造的文化空间中售卖，还可以开拓新的营销渠道，在展览活动结束的很长一段时间继续销售。因此，鲁新馆以红楼文化为坐标，以新工艺科技为保障，整合现有文创产品，联合社会企业共同开发，最终推出了六大品类、120多款实体产品，以下将详细进行说明。

菲利普·科特勒等营销学者认为，产品分为五个层次的表述方式，包括核心产品、基础产品、期望产品、附加产品与潜在产品。观众在购买博物馆文创产品的过程中，首次对能够反映博物馆文化内涵的产品具有一定需求，他们希望产品具有博物馆的文化内涵特色、品质高、具有纪念性或收藏价值等等，观众购买产品的同时希望获得的是具有差异性的产品，让博物馆品牌能够带来一定的文化身份，让产品

带来更多愉悦性与体验性的附加感受。博物馆也需要站在自己的文创立场上引导消费，发掘观众的潜在需求，开发潜在消费者，进行主动式营销导向。鲁新馆按照产品的层次，制定了合理的产品规划。

文创产品的设计要根据"新文化、新美学、新生活"品牌的内涵与外延快速准确地进行分类，按照博物馆观众"行""用""美""玩"的四大需求，将产品分为六大品类：学习用品类、生活用品类、纪念品类、复仿制品类、服装及饰品类、体验类（图一）。"行"主要满足观众参观博物馆旅游纪念性需求，大部分参观过后会购买一些明信片、冰箱贴、钥匙扣、行李牌等纪念品类的产品。博物馆还专门为本次活动设计了8个系列、28款印章，观众可以在民国风格的笔记本上DIY盖印刻有红楼及此次活动的印章，具有独特性的纪念价值。"用"主要是体现文创产品的实用性功能，一些书签、笔记本、便签本等学习用品实用性强，又是文化的很好载体，并且定价偏低，是博物馆观众通常会购买的产品，杯子、杯垫、小手包等生活用品也是比较实用和受欢迎的产品。对"美"的需求人人皆有，复（仿）制一些博物馆特有的工艺品、装饰画或手稿作为装饰与摆件，不仅具有博物馆自身特色，也满足观众对差异化产品的需求。针对"新美学"与"新生活"的单元，特意开发了具有民国风格的男、女服饰，女士服装包括旗袍、套裙、手帕、帽子等，还开发了女士用的手链、头饰、胸针、化妆品与手工皂。"玩"是观众参观博物馆的一大隐藏需求，人们到博物馆参观已经不仅仅是为了学习知识，更希望在博物馆所塑造的特殊环境中度过愉快而难忘的时光，针对这一需求提供了体验类产品，如：手工制作银器体验产品、3D打印肖像产品、"爱海"指纹定制手工茶海等产品、更换民国服装拍照打印产品。其中观众可购买服饰类产品，也可以穿着现场展示的服装，有化妆师设计造型，由摄影师一对一进行拍摄，观众可将照片打印出来带走，进行新文化的深度"穿越"体验。无论是观众更换服装的拍照体验还是定制了个性化的产品，都是在进行娱乐与体验的过程，这类产品将给观众更多附加性的感受与价值。以上这些类别的产品分布在展览空间的各个展项上，观众进入展厅之后，首先会被展览的文化内涵与气氛所吸引，展板的解说与内容设置比以往更加轻松与活泼，展品不再是珍贵文物，而是经过精心设计与规划的文创产品，开放式的展示空间、可触摸、可交流、可体验的模式让观众耳目一新，主动式交流与主动式购买行为自动形成。为期15天的展览体验活动，文创产品销售、现场观众互动体验消费、展览文创产品私人定制等项目的销售收入约为博物馆去年文创商店总营业额的62%。

在做好产品的基础上，宣传推广在市场营销策划中也是非常重要的环节，是一种能够与消费者展开对话或建立关系的方

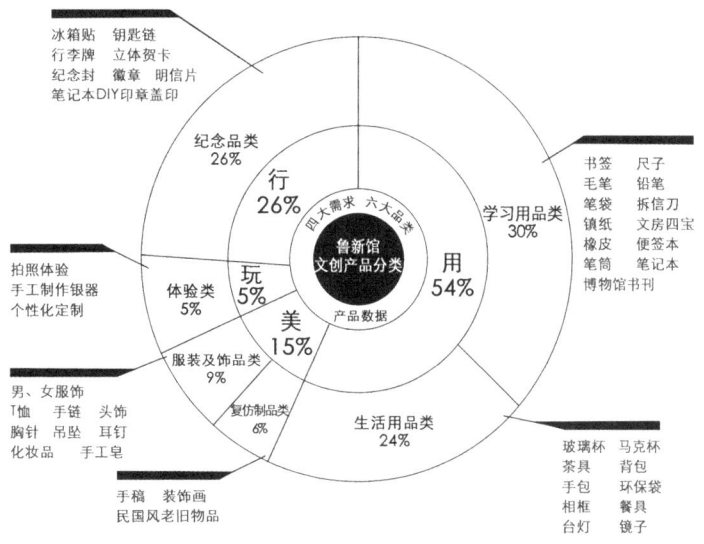

图一 鲁新馆实体文创产品分类（展览体验活动推出）

法,通过媒体传播来树立博物馆的形象与品牌,进而达到一定的社会效益,是博物馆进行宣传的主要目的。在上文提到的传统的促销策略基础上,博物馆又采用整合营销传播的手段进行宣传推广。整合营销通常利用广告、促销、事件和体验、公共关系、人员推销、直接营销等六种工具,将分散的信息整合,提供连续一致和最大化的传播影响力。

博物馆制订了精密的整合营销推广计划,达到了比较好的传播效果。首先,此次活动的策划就是一个事件和体验,借助"五四青年节"这一契机推广互动体验式产品。博物馆在活动当天邀请了网络、报纸、电视等媒体,对新文化运动的历史文化进行重新梳理,对活动特色及内容进行宣传。中央电视台、北京时间、中国网等媒体进行采访与网络直播报道,《法制晚报》等多家报纸媒体、国家文物局官方网站等权威网站、弘博网等博物馆行业媒体都对此次活动进行了报道。其中,中央电视台进行了一个小时的网络直播,获得"五四"当日直播头条,当天关注人数达186万。还有微博、微信上活跃着的粉丝群,对此次活动进行了自发性的软性传播与口碑传播,提升了博物馆的知名度与美誉度。网络媒体在活动现场的茶道互动体验区直播采访了国际博物馆协会副主席安来顺,他说:"博物馆应当具有市场的观念,同时,博物馆也应当具有经济的概念,能够通过文创产品来体现。"[11]直播场景中桌子上摆放的茶具均为此次推出的文创产品,是对产品的很好推广。产品营销方面,活动前期与中期与曾经合作的团体与社区进行联系,对产品进行主动式的推广,并对合作伙伴有相应的产品优惠策略。利用前文提到的促销策略中人员推销与销售促进等手段,一部分实体产品在活动后期进行折扣促销,博物馆销售人员利用文化内涵讲解与产品推销结合的方式进行产品推广。合作企业利用自己的媒体渠道与营销手段对此次展览事件进行同期宣传,企业站在市场化与营销专业化的角度,对这次活动进行了新的诠释,更扩大了活动的传播范围与影响力。

四、结语

互动体验式的教育方式让观众实现了更好的博物馆学习与参观体验,在以藏品为核心资源的基础上,博物馆越来越注重如何建立与公众的良性关系,所提供给公众的产品也不仅仅局限在纪念品商店所固有的传统产品,而是包含了博物馆内在资源与外化产出的更多有形产品与无形服务。引入市场营销工具对博物馆的管理及发展影响是广泛的,通过营销的理念加强对观众需求和感受的科学研究,在保有博物馆自身文化立场的基础上,不盲目"为了观众而观众",有助于把"以观众为中心"的理念真正导向实处。市场营销能够让博物馆与观众建立紧密的联系,通过关注观众的需求和提供让观众获得积极体验的方法,利用大众媒体及自媒体的宣传,在更广泛的群体中传播博物馆的文化信息,获得良好的观众反馈,并调动了更多潜在观众的积极性。同时,博物馆与社会企业合作,从而建立起密切的伙伴关系,以实现各自及共同的发展需求而协作努力。博物馆营销应该以实现博物馆社会效益最大化为主要目标,在这一前提下,提高用户的满意度,增加博物馆的经济效益[12]。鲁新馆与企业合作举办的互动体验式文创活动,抓住了博物馆自身最大的特色与资源,结合新技术与新方法,积极联合社会力量参与投资与运作,使博物馆提升了关注度与美誉度,达到了很好的社会效益,在未投入任何资金的情况下还有可观的收益。合作企业利用博物馆资源与平台进行了展览策划与设计、文创产品开发、活动运营等方面的全面展示,并博得国家行业主管部门的认可,获得了一定的行业知名度,所开发的产品也获得了相应经济收益。

博物馆作为公益性教育机构，在国家文化大发展大繁荣的背景下，再也不像从前那样只局限于自给自足的状态，而是肩负起了更坚实的文化责任。博物馆应该扩展自己的生存空间，利用市场营销这一工具与手段，向社会提供更丰富的精神文化产品，让博物馆成为传承中华传统文化的有力载体，成为社会文化变革与发展的动力。

① 苏东海：《博物馆演变史纲》，载《博物馆的沉思——苏东海论文选（卷二）》，文物出版社，2006年，第380页。

② （美）尼尔·科特勒、菲利普·科特勒著，潘守永等译：《博物馆战略与市场营销》，北京燕山出版社，2006年，第17页。

③ 安来顺：《博物馆市场学几个基本问题的讨论》，《中国博物馆》2000年第1期。

④ Eilean Hooper-Greenhill. Audiences-A Curatorial Dilemma. Art in Museums. London and Atlantic Highlands: The Athlone Press, 1995, pp. 143-165.

⑤ （美）菲利普·科特勒、凯文·莱恩·凯勒：《营销管理》，上海人民出版社，2006年，第264页。

⑥ 尹凯：《"从物到人"：一种博物馆观念的反思》，《博物院》2017年第5期。

⑦ （美）尼尔·科特勒、菲利普·科特勒著，潘守永等译：《博物馆战略与市场营销》，北京燕山出版社，2006年，第180页。

⑧ 宋向光：《当代博物馆营销的目的与特点》，载《新世纪博物馆的实践与思考——北京博物馆学会第五届学术会议论文集》，北京燕山出版社，2007年，第370页。

⑨ （美）菲利普·科特勒、凯文·莱恩·凯勒：《营销管理》，上海人民出版社，2006年，第53页。

⑩ John H. Falk, Lynn D. Dierking. The Museum Experience. Washington, D.C.: Whalesback Books, 1992, pp. 115-116.

⑪ 《专访安来顺：博物馆应和文创企业合纵连横共赢发展》，http://chuansong.me/n/1809788652224。

⑫ 宋向光：《当代博物馆营销的目的与特点》，载《新世纪博物馆的实践与思考——北京博物馆学会第五届学术会议论文集》，北京燕山出版社，2007年，第373页。

（作者单位：北京鲁迅博物馆）

北京市文物局2018年四季度文博事业大事记

北京市文物局办公室

10月8—11日 2018北京中轴线申遗保护国际学术研讨会在北京召开，国际古迹遗址理事会主席河野俊行等世界遗产专家及与会代表围绕中轴线的突出普遍价值、保护方向与申遗策略进行研讨。

10月12日 由北京市政府新闻办、北京市文物局、光明网联合推出的"2018博物馆奇妙之旅"第二站在北京大学赛克勒考古与艺术博物馆开启。

10月13日 市委书记蔡奇同志调研北京中轴线申遗保护工作落实情况。

"古笙今世——笙文化艺术展"在北京文博交流馆开幕。展览以中国传统乐器"笙"为主线，以实物和图像的形式，展示了各大博物馆收藏的乐俑、乐器、壁画等与笙有关的藏品和实物，简要勾勒出笙的发展历程。

10月16日 市文物局组织召开北京市地方标准《古建筑类博物馆合理用能指南》（DB11/T 1516—2018）宣贯会议。标准起草单位代表及北京地区备案登记的40余家古建筑类博物馆的相关人员60余人参加会议。

10月17日 "闻·悟北京"系列活动之"闻·悟故事话重阳"主题活动在北京文博交流馆举行。活动为创作出多篇优秀曲艺作品的曲艺工作者颁发了"闻·悟北京"文艺志愿者证书，为"闻·悟北京"作品征集活动获奖代表颁发了荣誉证书。曲艺工作者表演了为"闻·悟北京"量身打造的曲艺节目。

10月22日—11月2日 市文物局在首都师范大学举办2018年党员政策理论轮训班。局系统全体处级以下在职党员干部（首都博物馆、北京市文物公司所属党员以外）340余人分4期参加了培训。

10月25—28日 第十三届中国北京国际文化创意产业博览会在北京中国国际展览中心举办。市文物局以"奋进新时代 创意赢未来"为主题，通过"北京文化创意大赛文博产品设计赛区成果展示区""博物馆文创展区""京津冀博物馆协同发展展区"三大板块完成"文物及博物馆相关文化创意产品"展馆的规划及组织工作。其间，市文物局文物市场管理处处长哈骏、北京石刻艺术博物馆馆长郭豹、北京市正阳门管理处主任关战修做客首都之窗直播间，以"让文博创意走进生活"为主题，向大家介绍"文物及博物馆相关文化创意产品展区"相关内容。

10月25日 京、沈两地文物部门签署协议，成立沈阳市文化创意产业创新孵化中心，市文物局将通过北京文博衍生品创新孵化中心助力沈阳推动文化创意产业发展，两地孵化中心将共享文博衍生品设计与版权服务、授权管理、厂商渠道等资源。

10月26日 市文物进出境鉴定所在国家对外文化贸易基地（北京）举办启动揭牌仪式，设立专门办公与审核场所，开展文物进出境审核工作。

11月7日 北京石刻艺术博物馆、河南省安阳博物馆在北京联合举办"纸墨寿金石——安阳博物馆藏金石拓片展"。

11月8日 "2018北京·中国文物国际博览会"在保利国际会展中心正式拉开帷幕。

11月10日 市委常委、宣传部部长杜飞进同志视察"2018北京·中国文物国际博览会"，对博览会"讲好中国故事 弘扬文化遗产"的主题予以肯定，对组委会工作给予高度评价。

11月13日 市文物局和北京博物馆学会召开"北京地区博物馆社会教育传播推广学习贯彻工作座谈会"，故宫博物院、中国科学技术馆、中国人民抗日战争纪念馆、首都博物馆等单位结合《关于加强文物保护利用改革的若干意见》的内容介绍了本馆的社教工作情况，并围绕"加强传播传承的途径创新""完善中小学利用博物馆学习的长效机制""促进文物旅游融合发展推介文物领域研学旅行"等方面交流了经验。

11月15日 由北京古代建筑博物馆、大钟寺古钟博物馆、北京市西周燕都遗址博物馆、北京市古代钱币展览馆、老舍纪念馆及北京奥运博物馆六家博物馆联合举办的"撷彩京华——北京地区博物馆联展"在安徽蚌埠开幕，共展出青铜器、字画、古钱币、建筑模型等400余件（套）。

11月16日—12月7日 市文物局开展并完成局系统12家科普教育基地周期复审的初审工作。

11月21日 市文物局与埃及苏伊士运河大学孔子学院联合举办的"京华夏安"展在埃及苏伊士运河大学孔子学院开幕，通过当年老北京人的生活，展现北京街道、胡同和四合院的传统文化，让埃及观众体味北京这座古都的历史。

11月26日 市文物局主办、北京拍卖行业协会承办的"北京市文物拍卖企业工作会暨业务培训班"在嘉德艺术中心举办，旨在促进文物拍卖市场健康发展，提升整体行业形象，加深拍卖管理人员对各项文物拍卖法规的认识。

12月3—15日 市文物局副巡视员刘正品、市文物监察执法队负责人马洪宝带领执法队员，对全市16个区2018年文物安全与执法工作逐一开展考评。通过实地检查、查阅资料、听取汇报、小组讲评等方式，督促各区文化委员会进一步落实文物安全监管责任，规范文物行政执法行为，不断提高全市文物安全与执法工作水平。

12月6日 "铁凤凰鸣——辽金东京地区文物展"在北京辽金城垣博物馆举行。展览精选了153件（套）东京道（路）中辽阳、沈阳两地以及周边出土的辽金文物，多方面展现辽金东京道（路）地区的生活。

由北京市政府新闻办、市文物局和光明网联合推出的"2018博物馆奇妙之旅"第三站在北京古代建筑博物馆开启。

12月7日 市文物局组织召开"北京市博物馆大数据平台建设项目一期"竣工验收专家评审会。与会专家一致同意该项目通过竣工验收。

12月13日 市文物局会同市民政局、市财政局、国家税务总局北京市税务局等十部门共同研究起草的《关于推动北京市非国有博物馆发展的意见》，通过推进全国文化中心领导小组办公室专题会。

12月14—16日 由北京市文物公司主办、北京大栅栏琉璃厂商会协办的"2018年全国国有文物经营单位文物艺术品交流会"在琉璃厂文化街举办。此次交流会汇集全国各地40余家文物艺术品经营单位千余件各具特色的书画、瓷器、玉器、杂项、翡翠等精美文物艺术品，为广大市民提供了一个近距离接触优秀中国文物艺术收藏品的机会。

12月14日 市文物局文物市场管理处处长哈骏、北京市文物公司总经理李晨、杭州文物公司副总经理王春丽做客首都之窗直播间，以"北京文物市场40年"为主题，为大家介绍了文物市场的历史变迁。

12月17日 遗产、规划、文物领域的五位知名专家对《北京中轴线申遗综合整治规划实施计划》《北京中轴线风貌管控城市设计导则》（送审稿）进行集中审议并一致通过。

市文物局在孔庙和国子监博物院敬一亭举办"致敬历史，致敬英雄——北京市文物局机关第一届'红色文献'诵读会"，局机关19名党员干部深情诵读了11篇荡气回肠的红色经典文献。

12月18日 市文物局在孔庙和国子监博物馆彝伦堂召开局系统领导干部警示教育大会，局党组书记、局长舒小峰同志出席并讲话。局党组成员、副局长于平同志主持会议。

"北京—内蒙古"学科＋博物馆课程远程互动教学暨联合教研活动通过互联网络在北京市大葆台西汉墓博物馆和内蒙古自治区林西县民族中学同时进行。

12月19日 市文物局召开全局系统党组织书记会议，传达学习习近平总书记在庆祝改革开放40周年大会上的重要讲话精神。局党组书记、局长舒小峰同志做专题辅导。

12月19—21日 市文物局举办全局系统党组织书记培训班，进一步提升局系统党组织书记的政治素质和业务能力。

12月25日 市文物局机关工会"书香机关"兴趣小组组织机关院内全体干部职工开展"深入学习贯彻习近平新时代中国特色社会主义思想和党的十九大精神"答题活动。

12月26日 市文物局发布2018年度法治政府建设情况报告。

12月27日 市推进全国文化中心建设领导小组办公室、市文物局召开长城专题工作会，传达市领导调研指示精神，并安排部署下一阶段重点工作。

12月28—29日 市文物局领导带队检查了大钟寺古钟博物馆、北京古代建筑博物馆、北京市古代建筑研究所、梅兰芳故居、南新仓、雍和宫、崇礼住宅、醇亲王府等全国重点文物保护单位的安全工作。

12月 国家文物局公布了全国2018年度文物行政处罚案卷评查结果。市文物监察执法队有1个案卷入选全国"十佳案卷"，2个案卷入选"优秀案卷"，市文物局被评为全国5个"优秀组织单位"之一。

2018年 根据《北京市机构编制委员会办公室关于同意调整北京市文物局有关机构编制事宜的函》（京编办行〔2018〕20号）要求，市文物局增设老城保护处、遗产管理处、考古处，同时保留文物保护处；撤销安全保卫处，并将职能划入北京市文物监察执法队。调整后，市文物局内设机构由9个增至11个，市文物监察执法队行政执法专项编制由20名增至30名。

（整理：伊凡）